经济管理学术文库·管理类

国有企业审计监督制度研究
——公司治理的视角

Study on the Audit Monitoring
System of State-owned Enterprises
—A Perspective of Corporate Governance

常 蕊／著

图书在版编目（CIP）数据

国有企业审计监督制度研究：公司治理的视角/常蕊著 .— 北京：经济管理出版社，2019.7

ISBN 978-7-5096-6369-1

Ⅰ.①国… Ⅱ.①常… Ⅲ.①国有企业—审计监督—研究—中国 Ⅳ.①F239.44

中国版本图书馆 CIP 数据核字（2019）第 021655 号

组稿编辑：宋　娜
责任编辑：侯春霞
责任印制：黄章平
责任校对：赵天宇

出版发行：经济管理出版社
　　　　　（北京市海淀区北蜂窝 8 号中雅大厦 A 座 11 层　100038）
网　　址：www.E-mp.com.cn
电　　话：（010）51915602
印　　刷：北京晨旭印刷厂
经　　销：新华书店
开　　本：720mm×1000mm/16
印　　张：12.5
字　　数：199 千字
版　　次：2019 年 7 月第 1 版　2019 年 7 月第 1 次印刷
书　　号：ISBN 978-7-5096-6369-1
定　　价：98.00 元

·版权所有　翻印必究·

凡购本社图书，如有印装错误，由本社读者服务部负责调换。

联系地址：北京阜外月坛北小街 2 号
电　话：（010）68022974　　邮编：100836

前　言

本书对国有企业审计监督制度与公司治理之间的关系进行了研究，并将其应用于中国国有企业分类改革，对不同类型国有企业的审计监督制度进行了设计。此外，本书对中国国有企业审计监督制度实践中的主要问题进行了研究，并对进一步完善中国国有企业的审计监督制度提出了相应的政策建议。

通过对国有企业审计监督制度国际经验的研究发现：①审计监督制度是国有企业重要的监督制度之一。世界主要国家都将审计作为对国有企业实施监督和加强国有企业管理的重要制度安排。②审计监督制度安排的具体模式取决于国家对企业的控制力以及政府管理部门与国有企业之间的管理距离。具体而言，是否实行国家审计与国家对国有企业的控制力有关，无论社会审计和内部审计是否为法定审计，各国的国有企业均以国家审计为主。而社会审计与内部审计的地位和作用则主要与国家和国有企业之间的管理距离有关。③审计主体的独立性是影响国有企业审计监督制度有效性的最重要因素。④为了保障审计的执行效率，制定相关的法律以及建立质量控制和再监督机制尤为重要。

关于中国国有企业审计监督制度实践的研究发现：①中国国有企业审计监督制度的历史是政府主导下的强制性制度变迁，其发展主要取决于政府对国有企业的监管需要。②中国国有企业审计监督制度还存在审计的独立性不高、审计范围较为狭窄、审计内容比较落后、审计制度主体的激励机制不到位以及审计监督的再监督机制不强等主要问题。③影响国有企业审计监督制度绩效的因素主要包括审计机构和国有企业的管理模式以及治理结构两个方面的内容。其中，治理结构是最根本的影响因素。

关于国有企业审计监督制度与公司治理关系的研究发现：①国有企业

公司治理是影响国有企业审计监督制度有效性的重要因素。②国有企业公司治理对不同的国有企业审计监督制度的具体影响机制不同。其中，国有企业公司治理对内部审计监督制度的影响机制最为复杂，社会审计监督制度次之，国家审计受国有企业公司治理影响的机制则较为单一。③在所有的国有企业公司治理因素中，对国有企业审计监督制度影响最大的是国有资产管理体制，其次是管理层激励机制。④能够增进国有企业审计监督制度效果的国有企业公司治理因素包括独立于政府和国有企业并受到严格监督的国有资产管理机构，能够加强管理层利益与企业整体利益一致性的激励机制，对大股东的有效制衡与监督机制，独立的董事会和监事会以及良好的信息披露和透明度等。

针对中国国有企业的分类改革，本书对不同类型国有企业的审计监督制度进行了研究：①对于商业性国有企业，在短期仍应以国家审计为主，同时加强国家审计对社会审计和内部审计的监督；在长期，应以社会审计为主，但国家审计机关应保留对企业的审计权并对社会审计进行监督。此外，应重点加强对混合所有制改革实施过程的审计。②对于功能性国有企业，其中以政策性业务为主导的功能性国有企业应以国家审计为主，同时加强国家审计对社会审计和内部审计的监督。以非政策性业务为主导的功能性国有企业应以社会审计为主，国家审计机关保留对企业的审计权。③对于公益性国有企业，应以国家审计为主，同时加强国家审计对社会审计和内部审计的监督。④考虑到我国国有企业改革的复杂性，所有类型的国有企业的内部审计均为法定审计。对于经营机制和管理层激励机制尚未转变的商业性国有企业以及以政策性业务为主导的功能性国有企业和公益性国有企业，内部审计的监督职能还应在国家审计中予以明确规定。⑤在国有企业分类改革的过程中，国有企业审计监督制度的调整应该是动态的。

最后，本书分别从国家审计、社会审计、内部审计、国有资产管理体制和国有企业治理结构以及法制建设等方面对进一步完善国有企业审计监督制度提出了具体的、可操作的政策建议。

目 录

第一章 导论 /1

第一节 问题的提出与研究意义 /1
一、问题的提出 /1
二、研究意义 /3

第二节 概念界定 /4
一、国有企业审计监督制度的内涵 /4
二、国有企业审计监督制度的外延 /6

第三节 研究目标与研究路线 /8
一、研究目标 /8
二、研究路线 /8
三、研究内容 /8

第四节 研究方法、贡献与不足 /10
一、研究方法 /10
二、研究的贡献与不足之处 /11

第二章 理论与文献综述 /12

第一节 理论综述 /12
一、委托—代理理论和受托经济责任理论：审计产生的根源 /13
二、不完全信息理论：审计的信息披露 /14
三、信号传递理论：审计的声誉机制 /15
四、公共利益理论：审计的政府监管 /16

五、法经济学理论：审计责任的变迁 /17

六、制度经济学理论：审计监督制度的结构 /17

七、小结：审计的委托—代理模型 /19

第二节　文献综述 /22

一、审计与公司治理的关系研究 /22

二、外国国有企业审计监督制度研究 /32

三、中国国有企业审计监督制度的发展研究 /33

四、国有企业审计监督制度的国际最佳实践研究 /40

五、小结：研究的机会 /44

第三章　国有企业审计监督制度的国际经验 /46

第一节　外国国有企业审计监督制度概况 /46

第二节　外国国有企业审计监督制度的具体实践 /52

一、新加坡的制度实践 /53

二、加拿大的制度实践 /60

三、瑞典的制度实践 /68

四、澳大利亚的制度实践 /73

第三节　外国国有企业审计监督制度的主要经验 /79

一、以法律为依据，实行依法审计 /80

二、对国有企业审计监督制度做出分类安排 /80

三、对政府部门的审计与对国有企业的审计并重 /81

四、从人员、经费等方面保证国家审计的独立性 /81

五、建立审计的质量控制和再监督机制 /82

第四节　小结：对中国的启示 /83

第四章　中国国有企业审计监督制度的实践 /84

第一节　中国国有企业审计监督制度的历史 /84

一、改革开放后到国资委成立前 /85

二、国资委成立至今 /93

三、制度演化的特征和规律 /97

第二节　中国国有企业审计监督制度的现状 /99

一、审计监督制度体系的框架 /99
二、审计监督制度的主要特征 /102
三、审计监督制度的制度创新 /112

第三节　中国国有企业审计监督制度的问题 /114
一、审计主体的独立性问题 /114
二、审计监督的监督范围问题 /116
三、审计监督的审计内容问题 /117
四、审计制度主体的激励问题 /118
五、审计监督的再监督问题 /120

第四节　小结：问题的症结和出路 /122

第五章　国有企业审计监督制度与公司治理 /124

第一节　国有企业公司治理 /125
一、公司治理的内涵与外延 /125
二、基于利益相关者的公司治理模型 /127
三、国有企业公司治理的特殊性 /128
四、审计在国有企业公司治理中的地位和作用 /129

第二节　国家审计与公司治理 /131
一、国有资产管理与国家审计 /131
二、管理层激励与国家审计 /131

第三节　社会审计与公司治理 /132
一、国有资产管理与社会审计 /132
二、管理层激励与社会审计 /132
三、股权结构与社会审计 /133
四、信息披露与社会审计 /133

第四节　内部审计与公司治理 /134
一、董事会与内部审计 /134
二、监事会与内部审计 /134
三、国有资产管理与内部审计 /135
四、管理层激励与内部审计 /136
五、股权结构与内部审计 /136

第五节　小结：一个综合的关系模型　/137

第六章　国有企业分类改革与审计监督　/139

第一节　国有企业改革与分类治理　/139
　　一、国有企业分类治理问题的提出　/139
　　二、国有企业分类治理的主要观点　/140
　　三、国有企业分类治理的改革实践　/145

第二节　商业性国有企业审计监督制度　/147
　　一、商业性国有企业的治理特征　/148
　　二、商业性国有企业的审计监督　/149

第三节　功能性国有企业审计监督制度　/150
　　一、功能性国有企业的治理特征　/150
　　二、功能性国有企业的审计监督　/152

第四节　公益性国有企业审计监督制度　/153
　　一、公益性国有企业的治理特征　/153
　　二、公益性国有企业的审计监督　/154

第五节　小结：制度调整的动态性　/154

第七章　结语　/157

第一节　研究结论　/157

第二节　政策建议　/159
　　一、加强国家审计，扩大国家审计的覆盖面/160
　　二、完善社会审计，加强对社会审计的监督　/161
　　三、完善内部审计，促进内部审计整改落实　/162
　　四、完善国有资产管理体制，优化国有企业治理结构　/164
　　五、加强法制建设，严格依法审计　/165

第三节　研究的局限性与展望　/166
　　一、研究的局限性　/166
　　二、对未来研究的展望　/166

附录 /168

　　附录一　INTOSAI《利马宣言——审计规划指南》"公营企业审计"
　　　　　　部分节选　/168

　　附录二　INTOSAI《关于绩效审计、公营企业审计和审计质量的
　　　　　　总声明》"公营企业审计"部分节选　/169

　　附录三　《OECD 国有企业公司治理指引》"审计"相关内容
　　　　　　节选　/172

参考文献 /178

后记 /186

第一章 导论

本章对研究问题提出的背景、研究意义、研究目标、内容与技术路线以及研究方法、研究的贡献与不足之处进行了分析。

第一节 问题的提出与研究意义

一、问题的提出

审计是当今世界主要国家国有企业的一种重要的监督制度。与其他类型的监督制度不同,审计监督是一种相对独立的专门化监督,在解决国有企业监管的信息不对称问题方面具有明显的优势。从我国的实践来看,审计在保证国有企业合法经营,防止腐败、经济犯罪以及国有资产流失等方面发挥了很大作用。以往很多与国有企业有关的大案、要案都是在审计中首先被发现的。改革开放后,我国国有企业的审计监督制度逐步恢复。国资委成立后，我国国有企业审计监督制度的主要框架已经基本形成，国家审计、社会审计和内部审计的各项制度不断健全。但是在领导体制、具体的职责、审计内容、质量控制、审计结果报告和落实整改、政府与行业监管、组织形式、治理结构等一些具体的制度方面还不完善，一些重要的机制还没有建立起来，法制化水平还不高。国有企业审计还存在很多制度漏洞和监督的空白点，监督绩效不理想。例如，由于国家审计机关审计力量不足，2008~2015年，审计署仅对国资委和财政部监管的118家中央企业中的57家进行过审计，对中央部委所属的94家企业基本上从未进行过审计。[①] 审计落实整改的力度不足，一些审计出来的问题存在屡查屡犯的现象。企业年度决算实行集团统一委托审计以后，审计质量并没有得到明显的提高。企业内部审计还存在不受企业领导人员重视、集团企业的内部审计覆盖面窄等现象。

  21世纪以来，随着我国国有企业改革不断深入，国有企业的经营环境发生了很大的变化，国有企业监督制度与国有企业发展之间的矛盾日益凸显。国有企业审计监督问题引起了学界、业界乃至社会的广泛关注和热烈讨论。党和国家也多次提出加强和完善国有企业审计监督制度的要求。2013年，党的十八届三中全会提出"强化权力运行制约和监督体系……加强和改进对主要领导干部行使权力的制约和监督，加强行政监察和审计监督"。2014年，党的十八届四中全会进一步提出应"强化对行政权力的制约和监督。加强党内监督、人大监督、民主监督、行政监督、司法监督、审计监督、社会监督、舆论监督制度建设，努力形成科学有效的权力运行制约和监督体系，增强监督合力和实效"，并专门提出应"完善审计制度，保障依法独立行使审计监督权。对公共资金、国有资产、国有资源和领导干部履行经济责任情况实行审计全覆盖。强化上级审计机关对下级审计机关的领导。探索省以下地方审计机关人财物统一管理。推进审计职业化建设"。2015年1月，习近平总书记在十八届中央纪委五次全会的讲话中强调，"要着力完善国有企业监管制度，加强党对国有企业的领导，加强对国企领导班子的监督，搞好对国企的巡视，加大审计监督力度"。同年8月，中共中央、国务院印发的《关于深化国有企业改革的指导意见》中提出，应"健全国有资本审计监督体系和制度，实行企业国有资产审计监督全覆

---

① 郭晋晖：《国企境外机构难审计　审计署高官建议国企审计全覆盖》，一财网，http://www.yicai.com/news/2015/03/4583409.html，2015年3月9日。

盖，建立对企业国有资本的经常性审计制度"。

但是，我国现行国有企业审计监督制度建立的时间不长，相关的研究还不够深入，国外关于国有企业审计监督制度的专门研究也十分稀少，仅有的一些研究也是以资本主义国家市场经济条件下的企业为研究对象的，现有的研究还不能对国有企业审计监督制度的实践提供可靠的指导。本书旨在通过对国有企业审计监督制度国内外实践的分析，揭示国有企业审计监督制度的一般规律，并结合我国特殊的制度环境对进一步完善国有企业审计监督制度提出相应的政策建议，以期对推进国有企业审计监督制度的研究做出一点贡献。

二、研究意义

1. 现实意义

目前，我国仍处于从计划经济向市场经济转轨的历史阶段。在经济转轨的过程中，国有企业审计监督问题不仅具有特殊的重要历史意义，而且具有现实的紧迫性。改革开放30多年以来，我国国企改革取得了巨大的成就，在建立现代企业制度方面积累了大量的宝贵经验，在国有企业建立法人治理结构以及国有资产监督管理方面进行了一系列有益的探索。但是必须清醒地看到，我国的国有企业审计监督制度还不完备，更谈不上完善，其有效性还需要在实践中进一步检验，在国企改制的过程中还存在大量的国有资产流失现象，国有企业审计监督制度的一些具体内容仍然与生产力不相适应。在遵循市场经济、现代企业制度和国有企业自身发展的客观规律的条件下，不断加强国有企业审计监督制度的建设，促进国有企业审计监督制度的进一步创新，是保证我国国有资产保值、增值的迫切需要，也是保证国家经济宏观调控顺利实施的迫切需要。本书在国有企业分类改革和国有资产管理体制改革的新形势下讨论国有企业审计监督制度的具体制度安排，具有重要的现实意义。

2. 理论意义

我国经济体制改革的目标是建立社会主义市场经济体制，其中国有企业改革是核心。我国的国有企业审计监督制度必须在公有产权的基础上进行创新。实践需要有效的理论指导，而现有的社会主义经济理论、西方经济理论、管理学理论、法学理论等均不足以指导我们的实践。从目前的研究现状来看，国外的审计研究成果主要针对的是一般商业化的私营企业，对国有企业审计监督制度的研究较少。由于我国建立规范的现代化的企业会计和审计制度的时间较晚，国内关于国有企业审计监督制度的研究也还处于起步阶段。这造成实践中一方面对国有企业审计监督制度的一些具体问题存在一定的争论；另一方面，政府监管部门出台的一些政策的实施效果与其政策目标南辕北辙。在国有企业审计监督制度研究领域还缺乏较为全面的、综合性的研究，本书希望在这方面做一些尝试性的工作。基于中国实践的国有企业审计监督制度研究必将进一步丰富现有的审计和公司治理相关理论的内容。

第二节 概念界定

本节对本书的研究对象"国有企业审计监督制度"从内涵与外延两个方面进行了界定。虽然国有企业审计制度在实践中具有多种功能，但监督始终是其最主要也是最核心的功能。换句话说，国有企业审计制度本质上是一种监督制度，从而与一般的企业管理制度相区别。因此，本书使用"国有企业审计监督制度"这一术语，以彰显其本质属性。

一、国有企业审计监督制度的内涵

经济学文献中的"制度"这一术语一般是指"制度安排"，即"管束特定行动模型和关系的一套行为规则"。[①] 我们将国有企业审计监督制度

[①] 林毅夫：《关于制度变迁的经济学理论：诱致性变迁与强制性变迁》，载 R. 科斯、A. 阿尔钦、D. 诺斯等《财产权利与制度变迁》，上海三联书店、上海人民出版社 1996 年版，第 371—418 页。

定义为对国有企业实施审计监督所适用的一套行为规则。这套行为规则规定了国有企业审计监督所涉及的不同主体，包括政府部门、国有企业和审计部门的人员以及其他相关人员，在该制度下的相互关系。其内容包括对不同参与主体的非正式约束、正式约束以及各种约束的实施特征。

制度可以分为正式制度和非正式制度。其中，前者是指人们有意识地创造出来的、使用组织的强制力来保证实施的制度；后者是指在人们长久的实践活动中自发地形成的、具有持久效力的制度。正式制度的规则的变动或修订需要得到受该制度安排管束的一群（个）人的准许；非正式制度的规则的变动或修改用不着也不可能由群体行动完成，而纯粹由个人完成。正式制度的例子包括法律、法规以及组织内部和组织之间的成文性的规定等；非正式制度的例子包括价值观、意识形态、道德、习惯以及伦理规范等。[①][②] 显然，国有企业审计监督制度只能是正式的制度。这是因为现实中的现代国有企业审计监督制度无一例外的是群体有意识地创造的产物，而且必须得到组织内部关系人的一致同意才能得以确立和变动，任何单个的自然人想要独自决定国有企业审计监督的行为规则都是无能为力的。

与其他综合性的监督不同，国有企业审计监督是一种独立的专门化的监督活动。其以专业化的执业规范为依据，对审计对象的经济活动进行鉴证和评价，并得出审计结论，进而做出审计决定或提出审计建议。国有企业审计监督制度的功能包括信息功能、激励功能和经济功能。从信息功能方面来看，国有企业审计监督制度通过向投资者和其他利益相关者传递关于审计结果的信息，缓解了利益相关者与企业经营管理者之间的信息不对称。从激励功能方面来看，国有企业审计监督制度通过影响制度参与主体的成本—收益结构，从而对不同的制度参与主体包括审计委托主体、审计实施主体、受审计监督信息影响的其他主体以及被审计主体形成特定的激励机制，促使其在一定的条件下采取特定的行动策略。从经济功能方面来

---

① 林毅夫：《关于制度变迁的经济学理论：诱致性变迁与强制性变迁》，载 R. 科斯、A. 阿尔钦、D. 诺斯等《财产权利与制度变迁》，上海三联书店、上海人民出版社 1996 年版，第 371–418 页。

② L. E. 戴维斯、D. C. 诺斯：《制度变迁的理论：概念与原因》，载 R. 科斯、A. 阿尔钦、D. 诺斯等《财产权利与制度变迁》，上海三联书店、上海人民出版社 1996 年版，第 266–294 页。

看，国有企业审计监督制度能够通过约束制度参与主体的行为形成一定的经济后果，这一经济后果既包括对单个制度参与主体的经济后果，也包括对局部或整体制度参与主体集体以及相关的组织的经济后果。国有企业审计监督制度三个方面的功能之间是相互依存的。信息功能是最基础的功能，激励功能是建立在信息功能的基础之上的，而经济功能又是建立在信息功能与激励功能二者的基础之上的。

国有企业审计监督制度是国有企业监督与管理制度的重要组成部分，其与其他国有企业监督管理制度之间的联系与互动形成了国有企业监督管理制度的制度结构。国有企业审计监督制度又置于一定的制度环境之中，这一制度环境构成了国有企业审计监督制度的制度基础设施，为国有企业审计监督制度的运行提供了基本的条件。制度环境可以理解为一束制度安排，因此包括正式的制度安排和非正式的制度安排。此外，国有企业审计监督制度的制度环境包括宏观、中观和微观三个层面的内容。从宏观层面来看，其制度环境因素主要包括国家经济、政治和社会管理的基本法则等。从中观层面来看，其制度环境因素主要包括国有资产管理体制以及国有经济管理的相关制度。从微观层面来看，其制度环境因素主要包括国有企业治理结构以及其他具体的国有企业管理制度。其中，宏观层面的制度环境因素具有较为稳定的性质，中观层面制度环境因素的稳定性次之，微观层面制度环境因素的稳定性较低。同时，与宏观层面的制度环境因素相比，中观层面和微观层面的制度环境因素与国有企业审计监督制度的联系更为直接，影响也较大。每个层面的制度环境都包括与上述主要的正式制度安排相联系的非正式制度安排，如与国家宏观管理体制相联系的社会道德和价值观，与中观管理体制相联系的政府行政管理文化以及与微观企业管理体制相联系的企业文化等。

二、国有企业审计监督制度的外延

根据审计实施主体的不同，国有企业审计监督制度可分为国家审计①、社会审计和内部审计三种主要类型。

---

① 国家审计机关存在多种隶属模式。其中，在国家审计机关隶属于政府的模式下，如中国，国家审计又被称为政府审计。为便于分析，本书统一使用国家审计这一名称。

国家审计是由国家审计机关具体实施的审计,其目标是确认和解除政府对国有企业的受托经济管理责任,包括财政资金管理责任和人事管理责任等。现代国家对国有企业的国家审计主要包括对企业的财务收支审计和对政府任命的企业管理人员的经济责任审计。国家审计代表国家,因而具有一定的国家强制力。这种国家强制力主要体现在国家审计机关在审计取证方面可以强制要求任何相关的部门、企业和人员提供相关的审计资料。

社会审计是由社会审计机构,通常是注册会计师及会计师事务所接受委托人的委托所具体实施的审计。其内容主要是对国有企业年度财务报表的合法性和公允性进行鉴证和评价。其目标是确认和解除国有企业管理层对国有企业的受托经济管理责任,包括对企业的财务管理责任和其他经营管理责任。国有企业社会审计的委托人可以是企业董事会,也可以是国家审计机关或其他国家所有权的行使机构。在现代资本主义国家,注册会计师和会计师事务所的职业化发展水平较高,其作为独立的第三方中介机构,可以提供较为客观的、为市场所普遍认可和接受的审计意见。

内部审计是由企业内部审计机构负责并实施的审计。其主要内容是通过审查和评价企业的经营活动以及内部控制的真实性、合法性和有效性来促进企业组织目标的实现。内部审计的目标是确认和解除企业内部管理人员的受托经济责任。随着国有企业的发展,其内部审计的具体审计内容已经从早期简单地以查错纠弊和保护公司财产为目的的财务审计发展到了主要关注企业资源的有效利用和管理绩效的管理审计,并进而发展到以风险为导向的综合审计。国有企业的内部审计处于企业内部,因而在一定程度上其独立性要低于国家审计和社会审计。但是,内部审计具有与企业内部管理接近的天然优势,能够较为及时地获取关于企业管理的真实审计信息。因此,国家审计和社会审计在施行了必要的客观性和可信度测试后,可视情况利用内部审计的成果。

第三节
研究目标与研究路线

一、研究目标

本书的研究目标是揭示我国国有企业审计监督制度存在的问题,并发现其基本的运行规律,从而为完善该制度提供一些有益的思路。主要回答以下几个具体的问题:①我国国有企业审计监督制度的总体框架如何?历史与现状如何?存在哪些主要的问题?②外国在国有企业监督制度方面有哪些具体的实践模式和经验?对我国有何重要启示?③国有企业审计监督制度的基本规律是什么?④我国国有企业审计监督制度的完善路径和方向是什么?

二、研究路线

本书遵循以下技术路线:第一步,提出研究的问题并对所研究的问题进行论证;第二步,进行理论与文献研究,作为后续研究的基础;第三步,对国有企业审计监督制度的一般规律进行分析;第四步,对国有企业审计监督制度的一般规律在中国国有企业分类改革情境下的应用进行研究;第五步,对全书的研究结论进行总结,对完善中国国有企业审计监督制度提出政策建议(见图1-1)。

三、研究内容

本书共分为七章。第一章为导论,所论及的问题包括为何研究、研究

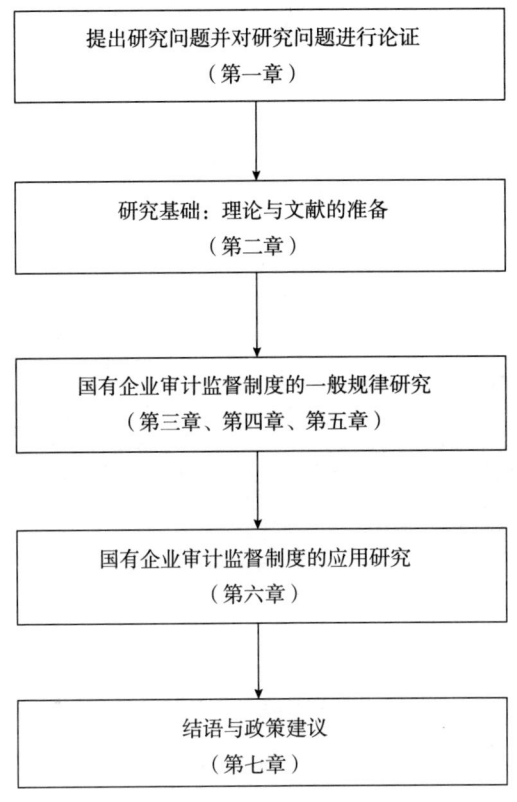

图 1-1 研究的技术路线

什么和怎么研究以及对本研究的自我评价。第二章对本研究进行了理论与文献上的准备，分别对与本研究相关的主流经济学理论、法经济学理论等进行了概述，对相关研究文献进行了梳理和评述。第三章对国有企业审计监督制度的国际经验进行了研究。第四章对中国国有企业审计监督制度的历史、现状和存在的问题进行了研究。第五章探讨了国有企业审计监督制度与国有企业公司治理之间的关系。第六章在中国国有企业分类改革的情境下对不同种类的国有企业的公司治理特征和审计监督制度进行了研究。第七章为结语，总结了本研究的基本结论，提出了完善我国国有企业审计监督制度的政策建议，指出了本研究的局限性，并对未来研究的发展进行了展望。

第四节
研究方法、贡献与不足

一、研究方法

本书所使用的研究方法主要包括文献分析法、比较研究法、历史研究法和社会调查法等社会科学研究方法。

1. 文献分析法

文献分析法是社会科学研究的基本方法。在本书第二章理论与文献综述部分，使用文献分析法分析了国有企业审计监督制度相关理论和研究的现状。研究的对象不仅包括了在线数据库的期刊论文，而且包括了具有重要影响力的国际组织的研究报告。

2. 比较研究法

我国的经济发展还处于社会主义初级阶段，我国正处在建设社会主义市场经济的新时期。这些共同构成了国有企业生存和发展的社会、历史与文化背景。处在这种制度环境中的国有企业具有不同于其他国家国有企业的使命和特征。因此，国有企业审计监督制度的具体目标以及运作机理也与其他国家的国有企业存在一定的差异。与此同时，国有企业作为一种公共部门的组织形式在西方发达国家已经拥有了一百多年的历史，其在制度设计方面的经验教训值得我们借鉴。因此，本书在研究过程中特别注重对中外国有企业审计监督制度的比较以及不同类国有企业审计监督制度之间的比较。

3. 历史研究法

历史是不断发展和演进的过程。本书不仅对国有企业审计监督制度的现状进行了详细的分析，而且注重对国有企业审计监督制度的历史进行研究和分析，并总结出相关的经验和教训，从而从历史的角度探索国有企业审计监督制度的发展规律。

4. 社会调查法

在本书的研究过程中，笔者参与了若干国家级的科研项目。在参与这些项目的过程中，随课题组成员对数家国有企业进行了实地调研。通过对国有企业领导人员和企业管理部门负责人的访谈，对国有企业的管理制度和治理结构有了比较深入的了解。通过参加国有企业改革相关课题的专家研讨会，获得了关于国有企业改革的第一手资料。这些都为本书的研究提供了重要的参考。

二、研究的贡献与不足之处

1. 研究的贡献

本研究的贡献可以概括为以下几点：一是对国有企业审计监督制度的国际经验进行了系统的研究；二是对中国国有企业审计监督制度的实践进行了细致的研究；三是对国有企业审计监督制度的影响因素以及影响因素与国有企业审计监督制度之间的关系进行了研究，提出了一个综合的关系模型；四是将国有企业审计监督制度的影响因素关系模型应用于中国国有企业的分类改革，对不同类国有企业审计监督制度的制度安排进行了研究；五是对国有企业审计监督制度的完善路径提出了具体的政策建议。

2. 不足之处

由于受笔者的知识结构、研究经验以及研究时间和研究资源的限制，本研究还存在不足之处。例如，在对外国国有企业审计监督制度的研究中，仅对国家层面的国有企业进行了研究，没有对地方国有企业进行研究。中国国有企业审计监督制度的实践是多样化的，本书仅对中国多数地区的，尤其是中央层面的国有企业审计监督制度的实践进行了研究。不可否认的是，一些地方实践对中国国有企业审计监督制度的研究也具有重要的意义。这些方面都需要笔者在今后做进一步的探索。

第二章
理论与文献综述

本章对国有企业审计监督制度相关的理论和文献进行了综述。理论综述部分主要分析了委托—代理理论、受托经济责任理论、不完全信息理论、信号传递理论、公共利益理论、法经济学理论和制度经济学理论的主要内容以及这些理论与审计监督制度的关系。在理论综述的小结部分，提出了一个简要的审计委托—代理模型，并指出了当前相关理论的适用性问题。文献综述部分分别从审计与公司治理的关系研究、外国国有企业审计监督制度研究、中国国有企业审计监督制度的发展研究，以及国有企业审计监督制度的国际最佳实践研究四个方面对与国有企业审计监督制度有关的研究文献进行了梳理。在文献综述的小结部分，分析了现有研究文献中存在的缺陷，并指出了研究的机会。

第一节
理论综述

本节对审计监督制度相关的理论进行了综述。其中，委托—代理理论解释了审计监督制度产生的根源；受托经济责任理论揭示了审计监督制度内容扩展的动因；不完全信息理论为审计的信息披露制度提供了理论的注脚；信号传递理论说明了审计师声誉的作用机制；公共利益理论部分解释了政府对审计实施监管的合理性；法经济学理论为审计责任的变迁提供了理论依据；制度经济学理论为分析审计监督制度的结构提供了一个理论框架。在本节的小结部分，提出了一个简要的审计委托—代理模型，并指出了现存的理论在解释国有企业审计监督制度方面的缺陷。

一、委托—代理理论和受托经济责任理论：审计产生的根源

委托—代理理论认为，现代公司制的一个显著特征就是两权分离。随着股份有限公司的股权日益分散化，经营与管理的复杂性和专业化程度不断提高，股东通常不再亲自管理公司，而是将公司的经营管理委托给职业经理人。而职业经理人接受股东的委托，代理他们打理企业，由此就产生了委托—代理关系。但是管理层或者经理人不会像照顾自己的投资那样精心地管理公司。詹森（Jensen）和麦考林（Meckling）指出所谓委托—代理关系就是一种契约关系。在这一契约关系中，委托人授权代理人为了委托人的利益从事某种活动。委托人授予代理人相当大的自主决策权，而且很难对代理人的活动进行有效的监督。他们将这种由于两权分离所带来的经济效率上的损失定义为代理成本。他们认为，代理成本主要包括三项内容：一是委托人为保证代理人的忠诚而支付的监督成本；二是代理人所支出的想要委托人相信其将会忠实履职的成本；三是因代理人所做出的非最佳决策而导致的委托人财产上的损失。[①] 为了降低委托—代理问题可能带来的损失，委托人就有激励寻求专业的监督服务，以监督代理人的行为。审计制度就是通过对代理人所提供的信息的保证机制来实现委托人对代理人监督的一种制度安排。

受托经济责任理论认为，受托经济责任是指按照特定的要求和规则受托经管经济资源并报告其经管情况的责任。经济资源的所有者将其委托给

[①] Jensen Michael and William Meckling, "Theory of the Firm: Managerial Behavior, Agency Costs, and Ownership Structure", *Journal of Financial Economics*, Vol. 11, 1976, pp. 5–50.

企业管理层经管，从而形成了两者之间的受托经济责任关系。在这种关系中，委托人期望受托人能够诚实、有效地履行受托经济责任；而受托人也具有向委托人表明其在诚实地、认真地履行受托经济责任的动机，以便维系与委托人之间的委托关系。由于委托人与受托人经管经济资源的活动存在法律上、空间上和时间上的分离性以及委托人自身存在的专业知识、时间、精力等方面的限制，委托人往往不能直接控制受托人的受托经济责任履行过程。现代审计作为一种独立的经济控制系统，为受托经济责任的全面有效履行提供了合理的监督和鉴证。随着社会经济活动的日益复杂化，委托人对受托人经管受托经济资源的要求不断变化，致使受托经济责任关系从受托财产保管责任扩展到受托经营责任、受托管理责任，审计制度的目标从简单的财务会计和合规方面的纠错查弊扩大到监督组织的整体运营和管理，审计的内容也从单纯的财务审计向经营审计、管理审计、绩效审计、环境审计、社会责任审计等领域发展。

二、不完全信息理论：审计的信息披露

不完全信息理论又称为信息不对称理论，是由詹姆斯·A.梅尔莱斯和威莱姆·维克利在20世纪60年代提出的。不完全信息理论揭示了市场运行中的缺陷，并指出了信息对市场运行的重要性。该理论认为，在市场经济活动中不同的主体对有关信息的了解是有差异的。在市场交易中，掌握较多信息的一方处于有利地位，掌握较少信息的一方处于不利地位。掌握较多信息的一方会利用自身的信息优势谋取自身利益的最大化，使掌握较少信息的一方的利益受到损害。信息不对称的两个典型后果是逆向选择和道德风险。逆向选择是指由于信息不对称造成市场资源配置扭曲的现象。由于交易双方信息不对称，导致市场只能以劣质品的价格出清，并最终将优质品逐出市场，市场交易产品的平均质量下降。逆向选择一般存在于二手市场和保险市场上。道德风险是指从事经济活动的人在最大限度地增进自身效用的同时做出不利于他人的行动。也可以表达为，当签约一方不完全承担风险后果时所采取的自身效用最大化的自私行为。逆向选择产生在交易双方签订合同之前，道德风险产生在交易双方签订合同之后。

资本市场是一个典型的存在不完全信息的市场。在资本市场上，企业

的管理者拥有关于企业经营的更为充分的信息，而投资者很难获知企业经营的真实状况。如果市场上存在严重的信息不对称，逆向选择会导致市场上的融资者往往是那些最有可能造成不利（逆向）结果（造成违约风险）的企业。而在获得投资之后，这些企业的管理者为了实现个人利益的最大化，又会减少对经营管理活动的关心或通过"隧道行为"盗取企业的资源和机会。国家审计、社会审计和内部审计结果的披露可以缓解企业管理者与外部投资者的信息不对称，从而降低以上风险。同时，信息不对称也是审计服务市场固有的缺陷。审计师是否履行了审计的职责以及实际履行的效果都不易观察。审计师与审计委托人和其他审计报告使用者之间在审计质量方面存在的信息不对称会造成审计市场上的逆向选择和道德风险问题。逆向选择导致审计市场上提供劣质服务的审计师大行其道，道德风险导致审计师在签订审计合同之后不会谨慎执业，甚至提供虚假的审计报告。解决审计服务市场的信息不对称问题需要对审计师自身的治理结构、执业状况以及审计过程等信息进行披露。

三、信号传递理论：审计的声誉机制

信号传递理论由美国经济学家迈克尔·斯宾塞于1972年正式提出，并首先应用于对劳动力市场的研究。该理论认为，在一些市场中存在严重的信息不对称问题，卖方比买方拥有更多的关于产品的信息。在这种情况下，买方只能按照市场上产品的平均质量来支付价格。这就导致高于市场平均质量的产品要以低于自身价值的价格出售，而低于市场平均质量的产品却可以按高于自身价值的价格出售。结果导致生产高质量产品的卖方无以为继，最后只能退出市场。如此循环往复，最后市场上将充斥着劣质品。解决这一问题的办法是，卖方向市场传递表明自己的产品具有高质量的信号，缓解信息不对称所导致的逆向选择问题。声誉就是这样一种信号传递机制。典型的存在信息不对称的市场包括资本市场和二手市场等。

审计服务市场也是一个存在严重的信息不对称的市场。审计过程具有封闭性，审计的委托人以及审计信息的使用者很难判断审计过程的质量。审计的最终产品是标准的审计报告，除非由专业人士对审计进行复核，否则很难判断审计报告质量的水平。审计服务的使用者只能根据自身或者其他使用者与审计师交易的历史经验做出购买决策。审计师声誉是基于审计师交易行为的历史信息积累形成的对审计师执业质量的评价。执业质量较高的审计师可以通过声誉机制向审计服务的购买者传递自身审计质量的信息，从而起到缓解审计委托人与事务所之间的信息不对称的作用。审计师声誉机制作为审计质量的一种显示机制，缩小了审计服务价格与价值之间的差距，使审计服务市场能够通过这一自我执行机制实现优胜劣汰。声誉机制的作用也使审计师有动力努力提高审计质量，谨慎执业，建立和维护自身在审计市场上的信誉。

四、公共利益理论：审计的政府监管

公共利益理论认为，由于自然垄断、外部性和信息不对称的存在，市场的自发运转不能实现帕累托有效率和完全的公平，即会出现市场失灵。政府监管作为一种降低或消除市场失灵的手段具有合理性。自然垄断导致厂商为追求垄断利润将价格设置于边际成本之上，实际产出低于市场均衡的产出水平。外部性导致私人成本与社会成本及私人收益与社会收益之间出现偏离。在存在正外部性的情况下，一些企业或个人获得了收益却没有承担相应的成本，会导致产品或服务的供给不足。在存在负外部性的情况下，一些人分担了成本却没有享受到应得的收益，这会导致产品或服务的过量供给。市场上的不同交易主体之间存在信息不对称，从而引发逆向选择和道德风险，两者都严重影响公平交易，从而导致市场的低效率。市场自发的信息传递机制和信息甄别机制可以缓解市场信息不对称，但由于信息市场本身也是不完全的，存在交易成本，所以这种机制不能完全消除信息不对称的后果。基于以上原因，市场失灵是客观存在的。为了减少市场失灵所造成的社会福利损失，就需要政府对自然垄断情况下的价格进行规制，对具有负外部性的经济活动进行惩罚，对具有正外部性的经济活动提供奖励，加强市场交易者之间的信息沟通，从而提高资源配置的效率。审计市场也存在市场失灵的动因，因此需要对其实行政府监管。

公共利益理论以市场失灵理论和福利经济学为基础，将市场失灵作为政府监管的动因，为政府监管提供了理论依据。但该理论是建立在严格的前提假设之上的，即政府是慈善的"道德人"，除了公共利益以外没有自己的独立的利益；政府是无所不能、无所不知的"理性人"，能够掌握完全的信息；监管是无成本的。然而现实中的情形显然与此相去甚远。由于政府存在独立的利益，政府在处理市场信息和做出理性选择方面存在自身的缺陷，所以监管也是有成本的。因此，政府监管并不能完全消除市场失灵所带来的社会福利损失，这就为行业自律等其他监管机制提供了可能。

五、法经济学理论：审计责任的变迁

法经济学遵循"责任制度需求—责任制度演进—责任制度绩效"的研究范式，对审计责任的变迁及其效果提供了一种解释。该理论认为，审计失败的原因在于审计师与审计市场上的其他主体之间存在信息不对称，由此导致了审计师的机会主义行为。审计失败会给审计师和其他市场主体造成严重的经济损失及其他损失。审计市场的各个主体出于对自身利益的考虑，有激励制定一定的规则对信息不对称进行矫正。审计责任法和审计责任规则是审计市场内生的一种制度安排。其中审计责任法主要对审计进行事后的规制，审计责任规则对审计进行事前的规制。审计责任规则是对审计责任法的补充，审计责任规则的累积效应会进一步影响审计责任法的更迭。实践的发展造成审计责任法的滞后，从而带来新的信息不对称，出现新的矫正这一不对称问题的需求，并最终导致新的审计责任法和审计责任规则的出现。如此循环往复，形成一个从不完全信息的非均衡状态到信息矫正后的均衡状态再到不完全信息的非均衡状态的动态演进过程。不同的审计责任制度及其变迁对审计质量具有直接的影响，增强或减弱了审计对审计信息使用者的保护作用，从而表现出不同的审计责任制度绩效。[①]

六、制度经济学理论：审计监督制度的结构

制度经济学理论认为，制度（或称"制度安排"）是"社会游戏的规则，是人们创造的、用以限制人们相互交流行为的框架"，是"支配经济单位之间可能合作与竞争的方式的一种安排"。制度由正式规则、非正

---

① 陈汉文：《实证审计理论》，中国人民大学出版社2012年版，第251页。

式规则及其实施特征组成。正式规则、非正式规则及其实施的形式和有效性决定了制度整体的特征。"制度必须至少用于以下一些目标：提供一种结构使其成员的合作获得一些在结构外不可能获得的追加收入，或提供一种能影响法律或产权变迁的机制，以改变个人（或团体）可以合法竞争的方式。"①② "制度为一个共同体所共有，并总是依靠某种惩罚而得到贯彻。没有惩罚的制度是无用的。"③④ 制度环境是与特定制度相对的一个概念。制度环境是"一系列用来建立生产、交换与分配基础的基本的政治、社会和法律基础规则。"⑤

从产生的途径以及运行的机制方面来看，制度可以分为正式制度和非正式制度。其中，前者是指人们有意识地创造出来的、使用组织的强制力来保证实施的制度；后者是指在人们长久的实践活动中自发地形成的、具有持久效力的制度。正式制度的规则的变动或修订需要得到受该制度安排管束的一群（个）人的准许；非正式制度的规则的变动或修改用不着也不可能由群体行动完成，而纯粹由个人完成。正式制度的例子包括法律、法规以及组织内部和组织之间的成文性的规定等；非正式制度的例子包括价值观、意识形态、道德、习惯以及伦理规范等。⑥⑦

根据制度起源的不同，制度可以分为内在制度和外在制度。其中，内

---

① North D., "Toward a Theory of Institutional Change", in Barnett W., eds. *Political Economy, Competition and Representation*. Cambridge: Cambridge University Press, 1993, p. 62.
② L. E. 戴维斯、D. C. 诺斯：《制度变迁的理论：概念与原因》，载 R. 科斯、A. 阿尔钦、D. 诺斯等《财产权利与制度变迁》，上海三联书店、上海人民出版社1996年版，第371-418页。
③ [德] 柯武刚、史漫飞：《制度经济学：社会秩序与公共政策》，韩朝华译，商务印书馆2008年版，第32页。
④ [美] 道格拉斯·C. 诺思：《制度、制度变迁与经济绩效》，杭行译，上海格致出版社、上海三联书店、上海人民出版社2008年版，第5页。
⑤ L. E. 戴维斯、D. C. 诺斯：《制度变迁的理论：概念与原因》，载 R. 科斯、A. 阿尔钦、D. 诺斯等《财产权利与制度变迁》，上海三联书店、上海人民出版社1996年版，第270页。
⑥ 林毅夫：《关于制度变迁的经济学理论：诱致性变迁与强制性变迁》，载 R. 科斯、A. 阿尔钦、D. 诺斯等《财产权利与制度变迁》，上海三联书店、上海人民出版社1996年版，第371-418页。
⑦ L. E. 戴维斯、D. C. 诺斯：《制度变迁的理论：概念与原因》，载 R. 科斯、A. 阿尔钦、D. 诺斯等《财产权利与制度变迁》，上海三联书店、上海人民出版社1996年版，第266-294页。

在制度是"从人类经验中演化出来的","违反内在制度通常会受到共同体中其他成员的非正式惩罚。""外在制度是被自上而下地强加执行的。它们由一批代理人设立和确立。""外在制度配有惩罚措施。这些惩罚措施以各种正式的方式强加于社会并可以靠法定暴力的运用来强制实施。"根据监督遵守情况和惩罚违规行为的方式的不同,内在制度又可以分为习惯、内化规则、习俗和礼貌以及正式化内在规则四种类型。其中正式化内在规则是"随经验而出现的,但它们在一个群体内是以正规方式发挥作用并被强制执行的",如行业自律管理、足球俱乐部的管理规则以及国际贸易的商人法等。根据制度内容和目标的不同,外在制度可以分为外在行为规则、具有特殊目的的指令以及程序性规则或元规则。①

根据制度经济学的上述理论,审计监督制度属于外在制度和正式制度。审计监督制度限制了国有企业管理层与股东和其他利益相关者之间的相互交流行为的框架。其目标是改变国有企业股东和管理层的产权变迁的机制。审计监督制度的制度环境是独立于该制度之外的基础性的制度安排。

七、小结:审计的委托—代理模型

本节对与国有企业审计监督制度相关的经济理论进行了综述。从上文中我们可发展出一个简要的国有企业审计监督制度的委托—代理模型(见图2-1)。图2-1中带箭头的实线代表主体行为的方向,带箭头的虚线代表信息流的方向。② 图中存在几组委托—代理关系。第一组委托—代理关系存在于股东和董事会之间。股东将公司的日常经营决策权委托给董事会,这种委托—代理关系是建立在股东对董事会的信任的基础之上的。由于董事会和股东之间存在不同的利益与动机,董事会并不会自觉地按照股东的利益行事,董事会向股东所提供的关于公司经营情况的信息可能是有选择的或者是虚假的。此时,为了维持股东对董事会的信任以维护现存的委托—代

---

① [德]柯武刚、史漫飞:《制度经济学:社会秩序与公共政策》,韩朝华译,商务印书馆2008年版,第31-32、122-127、130-131页。
② 虽然提供信息也属于一种主体行为,但在这里,为了分析的方便,我们将提供信息的行为独立出来,并假定主体行为不包括提供信息的行为。

理关系，股东和董事会就都产生了对该信息以及与之相关的董事会的活动进行验证即实施审计的激励。股东既可以直接对企业实施审计，也可以聘请第三方审计人对企业实施审计。对于内部管理复杂性较高的企业，股东缺乏实施审计所必备的专业知识和技术。因此，聘请第三方审计人就成为一种现实的选择。

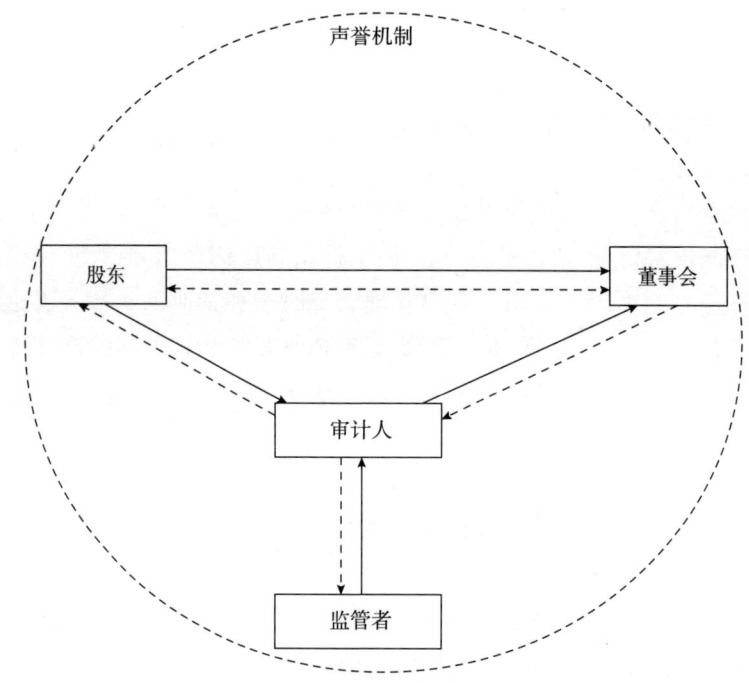

图 2-1 简要的审计委托—代理模型

资料来源：笔者绘制。

由第三方审计人对董事会进行审计本来是为了解决股东与董事会之间的委托—代理问题，但是却引发了新的委托—代理问题。第三方审计人与审计委托人之间也存在委托—代理问题。这是因为，审计人与股东之间同样存在不同的利益和动机。现代注册会计师审计的委托人虽然名义上是股东，但实际却是董事会及其审计委员会。审计的委托人可以通过订立载有详细的合同条款的审计合同来约束审计人的行为，但是制定这种合同的成本较为高昂。如果审计的交易成本高于审计的预期收益，审计委托人就不会实施审计。而如果没有审计发挥对公司经营活动信息的保证作用，股东就不会投资,企业制度也就不会出现,这会降低整个经济体的运行效率并阻碍社会的发展和进步。此外,如果市场上的审计人各行其是,采用不同的审计方法和审计规则,则会降低审计市场的效率。因此,需要一个监管者为所有的审计市场参与主体建立一套统一的能够令各方满意的市场规则。

股东并不是企业唯一的权益人或利益相关者。包括债权人、客户、员工和监管者在内的与企业存在合同关系的利益相关者以及不存在合同关系的利益相关者均具有对企业经营活动的信息进行审计的需求。一种典型的情况是,对上市公司而言,其财务报告和年报等实行公开披露,此时这些信息的使用者范围扩大到了资本市场上所有现实的和潜在的投资者。企业所披露的信息的质量将影响投资者对整个资本市场的信心。如果企业所披露的信息是虚假的,将会损害投资者对资本市场的信心,从而导致市场向下波动。当较多的上市公司存在财务报告和年报信息造假时,整个市场将陷入混乱,企业股票的价格将不能反映其真实的价值。这对所有的市场参与主体,包括投资者以及监管者都是不利的。因此,政府监管者对审计实行严格的监管符合企业多数利益相关者的利益。

但政府监管者也是拥有自身利益和动机的主体,其监管是不完全的。在同一监管水平下,仍然存在执业质量不同的审计人。为了维护行业的发展,审计人自身对审计行业的执业水平和发展也存在一定的要求权。这就产生了行业自律组织对审计行业的监管。所有关于审计的市场信息形成了关于审计人审计执业质量的声誉,并通过审计市场的优胜劣汰对审计人发挥奖惩作用,促使审计人自觉增加对声誉的投资。

需要指出的是,上述理论是基于私人企业发展起来的,在解释国有企业审计监督制度时的有效性较弱。对于国有企业来说,政府作为企业股东的行为将比一般的私人股东的行为更为复杂。例如,政府可能追求经济利益以外的社会目标。此外,政府在国有企业治理中扮演着多重角色,政府既可以是国有企业的股东,也可以是债权人,同时又可以是监管者。这些都会对上述模型中的参数产生影响。目前的理论尚不能给我们提供完全适用于国有企业审计监督制度的解释,但为我们探讨国有企业审计监督制度的理论模型提供了基础。

第二节
文献综述

本节对国有企业审计监督制度相关的研究文献进行了综述。综述从以下几个方面展开：一是审计与公司治理的关系研究；二是外国国有企业审计监督制度研究；三是中国国有企业审计监督制度的发展研究；四是国有企业审计监督制度的国际最佳实践研究。最后，在小结中对文献综述的内容进行了综合评价，并指出了存在的研究机会。

一、审计与公司治理的关系研究

与公司治理有关的研究是 20 世纪 90 年代以来审计学领域的一个重要分支（Lesage 和 Wechtler，2012）。[①] 该类文献主要关注公司治理机制是如何影响审计的，包括董事会独立性与审计质量（以审计费作为代表变量）的关系、自由现金流和管理层持股对审计努力程度（以审计费作为代表变量）的影响、审计委员会的设置对审计（如审计风险等）的影响等。本书仅对其中与审计的制度结构相关的研究进行综述。

1. 外部审计与公司治理

Jensen 和 Meckling（1976）认为，审计是一种可以增加公司价值的监督活动。独立于经理的审计人的审计降低了当经理不拥有全部的企业剩余索取权时所产生的代理成本。[②]

Watts 和 Zimmerman（1983）对早期英国和美国的商业公司，包括行业

[①] Lesage C. and Wechtler H., "An Inductive Typology of Auditing Research", *Contemporary Accounting Research*, Vol. 29, 2012, pp. 487-504.

[②] Jensen Michael and William Meckling, "Theory of the Firm: Managerial Behavior, Agency Costs, and Ownership Structure", *Journal of Financial Economics*, Vol. 11, 1976, pp. 5-50.

公会、受监管的公司以及合股公司的审计发展历史进行了研究。他们发现，在成为法定审计之前，审计在商业公司中就已经出现并得到了普及。在被检验的所有商业公司中，其章程并没有规定必须实行审计。审计是自愿的，由股东会或董事会决定实行。最初担任审计人的是由董事或股东组成的审计人委员会。审计之所以能够幸存下来，是因为这种对经理与为公司提供资本的人之间的合同进行监督的制度安排是有效率的。从审计人员的组成方面来看，早期的审计人委员会中包括了董事，到 1844 年之前审计人委员会已经完全由股东组成。早期的审计人委员会之所以包括了董事这一被审计对象，可能是因为当时公司董事的人数众多，与股东人数的相对规模较大，能够代表全体股东。人数众多，则相互之间不容易共谋，所以对董事实行一般性的监督是没有效率的。因此由董事审计公司，但是不对董事的审计进行再审计。之所以后来审计人委员会变成全部由股东组成，是因为随着董事人数减少，董事合谋的成本下降，因此必须将其一并纳入审计范围。

表 2-1　早期英美商业公司审计监督制度的发展

公司类型及其出现时间	治理结构	审计监督制度的主要特征	审计独立性的激励机制
商人公会（1200 年）	公会由皇家特许经营，对某个城镇的贸易实行垄断经营。公会的成员提供资源，由公会的官员负责管理。公会独立拥有财产并独立行动。公司章程和内部规章用以界定和限制合同各方包括公会官员的行为。公会官员由看守人等组成，看守人需要设立保证金账户	公会审计委员会通常由公会成员和公共官员组成，对公会的账目实行年度审计。在公会官员中的看守人任期结束时，对其未经授权的开支及其他违反合同的行为进行审计，并可施以罚款。任期末审计结束后的账户余额（扣除罚金）将返还给公会的看守人	①不能按时完成审计将面临高额罚款；②审计绩效和独立性的缺乏会影响审计人的声誉，甚至导致其丧失公会成员的资格，减少其在公会垄断利润分配中的份额；③要求审计人必须拥有私人财产，以赔偿其审计不力所造成的损失；④由审计委员会而非个人作为审计人，增加了审计人合谋的难度

续表

公司类型及其出现时间	治理结构	审计监督制度的主要特征	审计独立性的激励机制
受监管的公司（13世纪中期以前）	与商人公会类似。公司为特许经营，对进出口贸易实行垄断经营。每个公司依据专门法设立。公司的成员提供资源（如存货和船只），并使用个人账户或合伙账户从事交易。由一个主管和一些副手（董事）负责管理。副手的数量一般是12的倍数。财务人员和公司官员需要缴纳高额的保证金	审计人由公司主管的副手和公司的普通成员组成，其中公司主管的副手占多数。审计人每年选任一次，对公司账目进行审计。不仅对综合账目进行审计，而且对分布在各个城镇的分支机构的账目进行审计。审计委员会规模扩大	同上
合股公司（1533年）	为海外贸易而设立。与行业公会和受监管的公司类似，实行特许经营。公司官员由一名主管和12的倍数的助理构成，代表所有公司成员即股东进行交易。公司官员缴纳保证金	审计人是一个由股东和（或）董事组成的委员会。实行年度审计。公司账目须经审计才能呈交给股东大会。在公司官员任期末实行审计	同上 商人的声誉会影响其被选为公司董事、审计人甚至被接受为公司股东的机会

资料来源：笔者整理。

19世纪中期以后，公司发行了大量的债券。发行债券的特许状中规定对公司分红进行限制。审计被用来监督债券合同，以控制股东和债券持有人之间的利益冲突。随着新证券的发行，审计人委员会的委员不再要求必须是股东，公司也可以雇用或任命专业的会计师或其他外部专业人士。这是因为独立的审计人委员会可以降低发起人的代理成本。专业的审计公司逐渐代替由股东组成的审计人委员会，这是市场作用的结果。原因有两个方面：一是随着会计账目复杂度的上升，董事法律责任产生并逐渐加重，公司的规模和数量不断增长，审计需求也大为增长；二是出现了一种审计人能力和独立性的低成本证明机制,即成立了职业会计师协会,由该协会设立一些名牌,如"特许会计师""注册公共会计师"等,授予符合资格的职业会计师。专业审计公司对业余的股东审计委员会的替代也可以用审计的供需曲线来解释:一方面,审计需求曲线外移,职业审计的平均成本下降;另一方面,审计供给曲线向下移动,因为符合资格的职业会计师的职业起步成本降低了。①

Mills(1990)认为,以往对早期审计历史的研究只关注了成文法,但在私法、刑法和商法的早期发展过程中,成文法的作用是非常小的。制定法律的最主要方式是习惯、司法判例和司法解释等。因此,以往对审计早期历史研究所依据的资料是不充分的。他对中世纪和早期现代英国审计发展的历史背景进行了考察,发现法律对审计程序的干预范围要比以往所认为的广得多。②

1993年,苏格兰特许会计师协会(the Institute of Chartered Accountants in Scotland, ICAS)在一份名为《面向21世纪的审计》的研究报告中提出,经审计的财务报告应为以下六个方面的事项提供保证:①财务报告真实反映了实体的财务状况;②公司不会倒闭;③不存在欺诈;④公司依法经营;⑤公司处于合适的管理之下;⑥公司对环境和社会事宜采取了合理的态度。经理层应对上述所有方面负责并确认已履行了这些职责。外部审计师的作用是为经理层履行了上述职责提供保证。该报告还建议建立一个功能强大的内部审计程序,具体负责先前由外部审计师负责的详细审计工作。应任命一个首席内部审计官,向监事会或由独立董事组成的审计委员会报告。内部审计将为经理层的履职报告提供鉴证。外部审计则负责与内部审计合作,对内部审计的工作进行评估,并对经理层的履职报告做出独立的鉴证(McInnes,1993)。③

Elliott(1994)指出,20世纪90年代早期以来,外部审计经常被视

---

① Watts R. L. and Zimmerman J. L., "Agency Probems, Auditing, and the Theory of the Firm: Some Evidence", *The Journal of Law & Economics*, Vol. 26, No. 3, 1983, pp. 613-633.

② Mills P. A., "Agency, Auditing and the Unregulated Environment: Some Further Historical Evidence", *Accounting, Auditing & Accountability Journal*, Vol. 3, 1990, pp. 54-66.

③ McInnes W. M., "Auditing into the Twenty-first Century", https://www.icas.com/__data/assets/pdf_file/0009/10602/68-Auditing-Into-The-Twenty-First-Century-McInnes-ICAS.pdf, 2015-11-22.

为帮助管理层管理商业企业的一种服务性活动，而不是为便于投资者做出投资决定而存在的信息系统。①

Sutton 和 Arnold（1998）认为以往对财务报告仅关注股东和债权人的要求，而忽视了其他潜在的财务报告使用者，如雇员、工会、社区以及社会意识比较强烈的投资者的要求。这些潜在的财务报告使用者时常希望企业能够披露一些非财务信息，如环境影响报告、控制污染的情况、遵守政府法令和监管要求的情况、人力资源管理的情况以及内部控制系统的可靠性等。现实中企业自愿提供的非财务信息并不能如实地反映企业的真实情况，而这会误导社会意识较为强烈的报告使用者。他们提出，所有这些非财务信息都可以由会计师在现有的审计准则规范下进行鉴证。

他们发现，美国《单一审计法》对政府和其他联邦拨款单位审计的要求要比公司审计广泛得多。除了公司审计所要求的财务报告的公允性之外，该法还要求审计内部控制系统的可靠性、遵守法规的情况以及对社会相关事项的影响（如保护公民权，合理安置被遣散的人员，提供健康、安全、无毒品的工作环境等）。比照《单一审计法》的要求，他们设计出一个新的公司审计模型的标准框架。该框架的内容包括：

从被审计单位来看，被审计单位可分为公司整体和公司的关键部门两类。

从审计报告的范围来看，公司整体的审计报告可包括三种，分别为财务报告合理性鉴证报告，内部控制系统有效性的评估报告和遵守法律、法规情况的证明报告。在此要求的基础上，还可以按照实际的需要增加对公司非法行为的报告。公司关键部门的审计报告可包括四种，分别为部门之间以及公司与母公司之间资金转移的合理性报告，部门内部控制的有效性报告，遵守适用于具体部门的法令、法规情况的报告，以及部门层面的欺诈和不法行为的报告。②

Baker（2009）指出，会计学领域的研究并不认为审计对公司行为具有直接的控制作用，审计通过增强审计报告以及公司的其他报告如社会和环境

---

① Elliott R., "Confronting the Future: Choices for the Attest Function", *Accounting Horizons*, Vol. 8, 1994, pp. 106-124.

② Sutton S. G. and V. Arnold, "Towards a Framework for a Corporate Single Audit: Meeting Financial Statement Users' Needs", *Critical Perspectives on Accounting*, Vol. 9, 1998, pp. 177-191.

报告的可信度，从而间接对公司不良行为起到控制的作用（见图2-2）。因此，该领域的研究并不认为应该增强审计在公司治理中的作用。以往公司治理领域的研究所提出的关于完善和改革公司治理的建议仅关注董事会的构成、审计委员会的独立性、外部审计师的选择以及审计委员会对审计范围和审计费用的确定、CEO的薪酬与员工平均薪酬之间的差距等。而这些机制往往是通过公司治理原则的形式加以实施的，公司管理层可以选择实施也可以选择不实施。因此，应该寻求新的机制来完善公司治理，尤其应关注外部审计在公司治理中的作用。

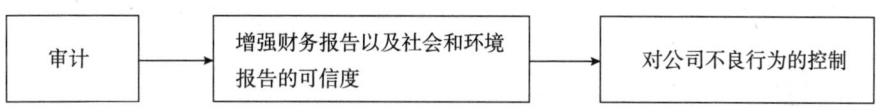

图2-2 外部审计对公司不良行为的间接控制

资料来源：笔者绘制。

目前，一种广为接受的观点是，审计在公司治理中的作用是对公司财务报告是否能够真实、公允地反映公司年终的实际财务状况以及经营结果表达意见。但注册会计师在审计中既要保持对管理层的独立性，又要与管理层紧密合作。这表明，上述关于审计在公司治理中的作用的观点并不能真实反映审计与公司治理的相互作用方式。公司法要求公司在不同的财务期限发布很多财务报告，时间从几个星期到几个月不等，因此年度财务报告对于投资者投资决策的作用是有限的。事实表明，投资者的投资决策主要依赖于未经审计的中期财务声明、财务分析师的预测以及私人获得的信息。审计在公司治理中的真实作用可以表述为：CEO为了现任管理层和关键投资者的利益，实现公司绩效最大化而改善管理程序，审计对此起辅助作用（见图2-3）。因此，将审计的作用仅限于满足股东的需要削弱了审计总体的重要性。

Baker主张，应该将审计在公司治理中的作用扩展到为了更广泛的利益相关者和社会的总体利益而增进公司治理的效果，至少应包括：①对关于公司真实财务状况的财务声明提供鉴证；②不存在欺诈；③公司不会破

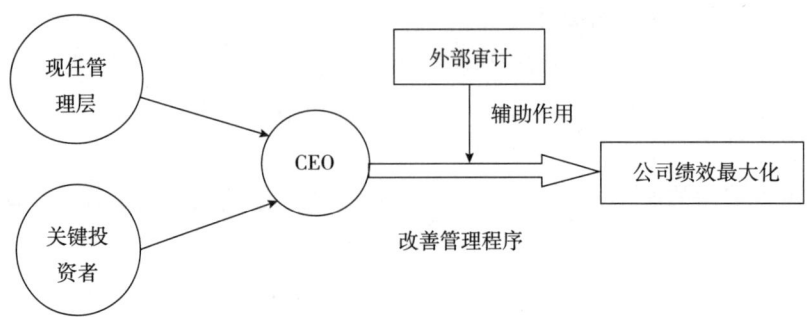

图 2-3　外部审计在公司治理中的真实作用

资料来源：笔者绘制。

产；④公司处于合适的管理之下。[1]

关于内部公司治理与外部审计之间的关系的实证研究得出了不同的结论。例如，Adjaoud 等（2008）、Hay 等（2008）、Lin 和 Liu（2009）对加拿大、新西兰和中国的研究表明，内部公司治理和外部审计师的选择之间存在互补关系。内部治理较好的公司更倾向于雇用高质量的审计师。[2][3][4] Simunic（1980，1984）、Wallace（1984）和 Liu 等（2009）则认为，在公司治理中，监事会或内部审计、内部控制与外部审计存在替代关系。内部控制较好的公司允许减少外部审计的工作，二者之间可以相互替

---

[1] Baker C. R., "From Member of the Company to Registered Auditor: The Role of the External Auditor in Corporate Governance", *Australian Accounting Review*, Vol. 19, 2009, pp. 24–32.

[2] Adjaoud F., Mamoghli C. and Siala F., "Auditor Reputation and Internal Corporate Governance Mechanisms: Complementary or Substitutable?" *Review of Business Research*, Vol. 8, No. 1, 2008, pp. 84–98.

[3] Hay D., Knechel W. R. and Ling H., "Evidence on the Impact of Internal Control and Corporate Governance on Audit Fees", *International Journal of Accounting*, Vol. 12, No. 1, 2008, pp. 9–24.

[4] Lin Z. J. and Liu M., "The Impact of Corporate Governance on Auditor Choice: Evidence from China", *Journal of International Accounting, Auditing and Taxation*, Vol. 18, No. 1, 2009, pp. 44–59.

代。①②③④ Cho 和 Wu（2014）以中国台湾地区上市公司为研究对象，考察了公司内部治理与外部审计之间的关系。他们发现，对于存在中低水平代理冲突的公司，内部治理机制与外部审计师的声誉之间存在互补关系。对于存在高水平代理冲突的公司，只有部分内部治理机制（如监事会和审计委员会）与外部审计师的声誉之间存在替代关系，其他内部治理机制对外部审计师的选择没有影响。他们认为，这是因为在代理冲突水平高的公司，经理层会选择声誉较高的外部审计师，并通过向资本市场上的投资者传递这一积极的信号来降低代理成本。⑤

2. 内部审计与公司治理

公司治理也是影响内部审计职责的重要因素。2006 年，IIA 基于其全球内部审计调查的数据构建了内部审计职能成熟度模型（见图 2-4）。该模型说明了内部审计的职能作用、公司治理水平、公司治理模式以及内部审计的目标定位之间的关系。其中，公司治理模式用股权集中度来代表。该模型指出，随着公司治理水平的提高，内部审计的目标定位从查错防弊转向兴利增值，咨询服务在内部审计职能中的比例不断提高。在一个公司治理水平较弱的组织中，内部审计职能应以确认服务为主，更多地关注组织内部的查错防弊和审查组织对法律规范的遵循情况。而在治理相对比较成熟、完善的组织中，内部审计应将关注点转向评价公司层面的治理实务运作是否合乎预期，引导管理层发现组织的优势和改进的机会。从公司治理模式来看，股权越集中则内部人控制力度越强，外部监督机制的效率越低，因而要求内部审计能够以查错防弊为主要目标，偏重于确认服务；反之，则偏重于咨询服务。该模型为内部审计职责的发展路径提供了一个简要的指引。

---

① Simunic D. A., "The Pricing of Audit Services: Theory and Evidence", *Journal of Accounting Research*, Vol. 18, No. 1, 1980, pp. 161-190.

② Simunic D. A., "Auditing, Consulting, and Auditor Independence", *Journal of Accounting Research*, Vol. 22, No. 2, 1984, pp. 679-702.

③ Wallace W. A., "Internal Auditors Can Cut Outside CPA Costs", *Harvard Business Review*, Vol. 62, No. 2, 1984, pp. 16-20.

④ Liu M. Desmond C. Y. Y. and Can C., "The Association between Corporate Governance and Auditor Selection: Evidence from China", *European Journal of Management*, Vol. 9, No. 2, 2009, pp. 275-286.

⑤ Cho C. C. and Wu H. H., "Role of Auditor in Agency Conflict and Corporate Governance", *Chinese Management Studies*, Vol. 8, 2014, pp. 333-353.

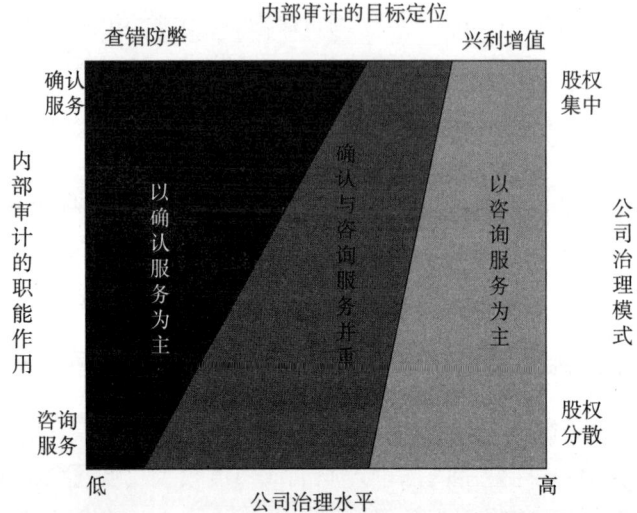

图 2-4　内部审计与公司治理之间的关系 1

资料来源：时现、陈骏、王睿：《公司治理模式、治理水平与内部审计》，《会计研究》2011 年第 11 期。

时现等（2011）对澳大利亚、日本、马来西亚和中国的情况进行了调查与比较，发现"公司治理模式影响内部审计质量，内部审计质量影响公司治理水平"。"不同的治理模式直接影响内部审计机构的设置方式，因内部审计机构设置方式不同，其审计目标定位、业务范围、报告关系（机构设置和独立性程度）和职能定位也会有较大不同；不同的内部审计选择也直接影响公司治理水平。"（见图 2-5）"内部审计的职能作用体现为两种角色：咨询者与监督者，但各有侧重。在股权主导的治理模式下，内部审计的职能作用是在确保一定程度的监督与确认服务的基础之上逐渐偏向咨询建议服务，这与兴利增值的内部审计目标相一致；相比而言，以查错防弊为目标的家族控制和转轨经济治理模式下的内部审计，其职能作用偏重于以财务审计为核心的监督与确认服务；债权主导治理模式下的内部审计因其分别隶属于监事会和高管层，其职能作用在监督与咨询方面相对较为平衡。"从报告关系方面来看，股权主导模式下的企业内部审计机构存在双重报告关系，即行政上内部审计向 CEO 或 CFO 报告，业务上向审计委员会报告；家族控制模式下的内部审计机构向由家族成员组成的董事会报告；债权主导模式下存在两种报告关系，即隶属于监事会的内部审计机构向监事会报告，隶属于最高管理层的内部审计机构向管理层报告；转轨经济模式下的内部审计机构向最高管理层或企业内部监督机构如纪检监察部门报告（见表2-2）。①

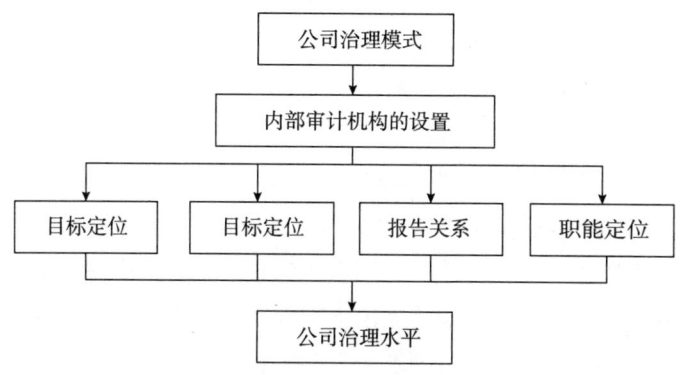

图 2-5　内部审计与公司治理之间的关系 2

资料来源：笔者绘制。

表 2-2　公司治理与内部审计的关系

公司治理模式	代表国家	公司治理水平	内部审计的目标	内部审计的报告关系	内部审计的首要职能
股权主导模式	澳大利亚	高	兴利增值	双重报告关系	运营审计和战略审计
家族控制模式（正在向股权主导模式发展）	马来西亚	较高	董事会的助手	向董事会报告	风险管理与内部控制评价和确认
债权主导模式	日本	中等	查错防弊或咨询建议	向监事会或最高管理层报告	隶属监事会的以财务审计为主，隶属管理层的以经营和业务审计为主
转轨经济模式（内部人控制模式）	中国	较低	查错防弊	向最高管理层或纪检监察部门报告	财务审计和经济责任审计

资料来源：笔者整理。

---

① 时现、陈骏、王睿：《公司治理模式、治理水平与内部审计》，《会计研究》2011年第11期。

二、外国国有企业审计监督制度研究

国内关于外国国有企业审计监督制度的研究主要散落在关于外国国有企业和国有资产监管的研究之中。例如,王东光(2014)对德国联邦公共企业的监管制度进行了研究,发现审计和信息公开是德国联邦公共企业的两项重要的监管制度。其审计监督制度的特点是对公共企业按照私法企业和公法企业实行分类审计。① 张政军(2007)在题为《美国田纳西流域管理局运营和管理体制》的文章中对该企业的审计监督制度进行了分析,发现美国审计总署、政府会计局、国会审计局、管理和预算局等均对该企业实行审计。② 即使是关于外国国有企业审计监督制度的专门研究,其研究内容也比较单一,仅关注与国有企业相关的某一类审计。例如,李小波(2013)对英国审计署与国有企业有关的政府绩效审计的发展、内容和方法等进行了研究,并指出英国的绩效审计并非针对国有企业,而是针对与国有企业相关的公共政策的实施和公共资金的使用。③ 此外,国际比较审计领域的个别文献也对外国国有企业的审计监督制度有所论及。例如,萧英达等(2000)在对不同国家政府审计的比较中介绍了各国政府审计的审计范围,其中就涉及了国家审计机关对国有企业的审计权限。④

国外关于外国国有企业审计监督制度的专门研究也较少。Aharoni(1983)对美国国有企业的审计进行了研究。他认为,政府总是倾向于对国有企业的人事政策、采购与订立合同的细节以及预算审查等施加控制,但是这种细致的控制行为使得国有企业难以吸引到有才能的、具备创新精神和奉献精神的高管。另外,国有企业的目标难以得到精确的界定,其管理绩效也难以通过对标进行控制。为了在高管的管理自治权与责任之间取得平衡,Aharoni建议实行独立的第三方综合审计。综合审计的基本原理是,国有企业的法定目标是不能精确设定和测量的,但是从企业高管的管

---

① 王东光:《德国联邦公共企业的监管制度》,《法学》2014年第6期。
② 张政军:《美国田纳西流域管理局运营和管理体制》,载陈小洪《企业改革和发展研究》,中国财政经济出版社2007年版,第496—501页。
③ 李小波:《英国国有企业绩效审计的借鉴》,《东岳论丛》2013年第4期。
④ 萧英达、张继勋、刘志远:《国际比较审计》,立信出版社2000年版,第313—399页。

理行为中可以推测出高管的实际管理目标。综合审计通过对某项管理决策与其可替代性决策的结果的比较以及与其他相近的经济活动的结果的比较，发现管理的实际目标与法定目标之间的差异，并进而提出改进管理的建议。① OECD（2005）在对其成员国国有企业公司治理的调查中发现，大多数成员国的国有企业都要接受独立的外部审计人员或审计总署的审计。各国在外部审计人员的特点和选择方式方面存在一定的差异，且越来越关注外部审计人员的选择和他们的独立性。在绝大多数成员国中，国家审计机关需要向国家的特别控制实体（如议会）提交相关的审计报告。②

三、中国国有企业审计监督制度的发展研究

与中国国有企业审计监督制度有关的研究主要集中在以下几个方面：

1. 关于国有企业审计监督制度的历史与演变的研究

关于中国审计监督制度历史比较重要的研究包括李金华（2005）的《中国审计史》和文硕（1996）的《世界审计史》中的中国审计部分。③④其中，李金华的《中国审计史》设专节对经济体制转变时期中国国有企业审计监督制度的历史发展进行了论述，但仅反映了国有企业的国家审计的情况。Tang 等（1999）对改革开放前中国财政部对国有企业的财政检查以及改革开放后国家审计机关对国有企业审计的历史进行了回顾，并指出随着国有企业股权的多元化、国有企业的完全商业化，国家审计机关作为政府代理机构的性质与其所承担的国有企业独立审计人的角色已经不相适应了。因此，需要由非政府的第三方机构对国有企业的财务报告和商业活动进行鉴证，以满足不同利益相关者，如国家、个人和机构投资者、债权人和员工的信息需要。⑤

---

① Yair Aharoni, "Comprehensive Audit of Management Performance in U. S. State Owned Enterprises", *Annals of Public and Cooperative Economics*, Vol. 54, 1983, pp. 73-92.

② OECD：《国有企业公司治理：对 OECD 成员国的调查》，李兆熙、谢晖译，中国财政经济出版社 2005 年版，第 117-121 页。

③ 李金华：《中国审计史》（第三卷上），中国时代经济出版社 2005 年版，第 144-162 页。

④ 文硕：《世界审计史》，企业管理出版社 1996 年版，第 36-50 页。

⑤ Tang Q., Chow C. W. and Lau A., "Auditing of State-owned Enterprises in China: Historic Development, Current Practice and Emerging Issues", *The International Journal of Accounting*, Vol. 34, 1999, pp. 173-187.

2. 关于国有企业国家审计职责和制度缺陷的研究

关于国有企业国家审计的研究主要集中在国家审计对国有企业的审计职责以及该制度的缺陷等方面。该类研究主要为规范性研究，其中一些比较重要的文献年代较早。例如，秦荣生（2004）认为，我国的政府与国有企业之间也存在公共受托经济责任关系，这是政府审计的出发点和归宿点。我国现行的政府审计制度已不适应社会主义市场经济体制的需要。具体表现在：政府审计对同级政府具有依附性，监督权力受到限制，公正性受到影响。政府审计的对象主要是国有企事业单位的财务收支，审计力量难以满足对数量庞大的国有企事业单位进行审计的要求。被审计单位可以通过在资金支出时做手脚等方式规避审计。政府审计受政府权力部门的干预较大，缺乏足够的权威性。应该逐步缩小政府审计的范围，除对国计民生有重大影响的国有企业、接受财政补贴较多或者亏损数额较大的国有企业外，一般国有企业和国有控股企业可不再纳入政府审计的范围。应强化政府审计的独立性。我国国家审计机关隶属于政府，作为被审计者的国有企业与审计机关均由审计的委托人政府领导，存在政府使用公共财政并自己审计自己的关系。建议在《宪法》没有修改之前，建立由人大和政府对审计机关的双重领导模式。此外，应树立公共受托经济责任观念，促进社会主义民主政治的现代化，从而优化政府审计的环境。[①]

崔振龙（2004）提出了确定审计职责的依据，包括一定时期社会的客观需要、审计的职业发展水平、审计所固有的职能以及审计所处的政治和法律环境。他将我国政府审计存在的问题归纳为以下几点：一是政府审计的法定职责不够完整。经济责任审计没有上升到审计法层面，还不是审计机关的法定职责，审计项目的选择与确定以及审计成果的利用不由审计机关独立决定。二是财务审计的范围和任务没有法定要求，每年审计哪些单位、审计多少单位由审计机关自行决定，审计结果的体现还不够规范。他认为，审计职责必须坚持法定的原则，并量力而行，即审计职责应与审计力量相匹配。随着政府职能的转变，国家审计机关对国有企业的审计应重点集中于专项审计和专项审计调查，财务报表鉴证审计应交由社会审计实施，代表所有者的监督也可由国有资产管理机关去实施。从审计内容方

[①] 秦荣生：《公共受托经济责任理论与我国政府审计改革》，《审计研究》2004 年第 6 期。

面来看，经济效益审计将成为政府审计的重要内容，对会计报告发表意见将是审计机关财务审计结果的主要体现形式。①

刘力云（2005）认为，审计机关对国有企业的审计独立性较强，而企业和管理部门对国有企业审计容易出现"购买审计意见"的情况。当前国有企业外部审计主要由国资委或企业自主选择会计师事务所进行，都是源于管理权的审计。一方面，企业自主委托易于导致会计师事务所"收人钱财，给人方便"，审计质量难以保证；另一方面，由于由国资委委托审计，最终也是由财政部拨款支付，国有资产管理部门仍存在通过粉饰国有企业财务信息来美化其作为国有企业出资人的职责履行情况的动机。因此，应由国家审计机关委托和聘请会计师事务所按照审计机关的专业准则来完成对国有企业的财务审计。②

王宝庆等（2006）指出，新的国有资产管理体制的建立给国家审计带来了冲击和挑战。国家审计由主要是财政财务收支审计，扩展到实行经济责任审计和绩效管理审计。国家审计不仅要审计单个国有企事业单位（项目），更多地要从国有资产和国有资本经营的总体上把握审计的内容与重点对象：要加强国有资产运用和公共财政支出、国家重要资源以及重大投资项目的宏观绩效审计，督促实现经济效益和社会效益的"双赢"目标；完善对国有资产、企业改制和股权转让的审计监督，防范国有资产处置并购中的腐败和资产流失问题。应加强对国资委出资人职责的审计监督，在进行常规财政财务收支真实合法审计的同时，应立足绩效审计，着力对其履行职责的有效性进行审计，同时加强专项审计调查。应建立由各级人大领导的立法型国家审计模式，提高国家审计的独立性。国家审计监督的目的在于促使企业加强经营管理和财务管理，提高经济效益，促进国有资产保值增值。应加强国家审计的服务功能。国家审计要充分利用社会审计和内部审计的成果。应加强对民间审计的质量监管，加强国家审计机关与国有资产监管机构的协同机制。应完善国家审计准则体系，制定国有资产的真实性、经济性、效率性、效果性审计准则，为市场经济条件下开

---

① 崔振龙：《政府审计职责及其发展展望》，《审计研究》2004年第1期。
② 刘力云：《论强化审计机关的国有企业审计职责》，《审计研究》2005年第4期。

展国家审计提供技术保证。①

3. 关于经济责任审计的研究

企业领导人员经济责任审计是中国国有企业国家审计的重要组成部分。对该问题的专门研究较多，近年来较具代表性的研究包括：

李江涛等（2011）选取2002~2007年31个省、自治区和直辖市的经济责任审计数据、财政支出数据以及2003~2008年职务犯罪中贪污贿赂立案的数据，从领导干部腐败预防与惩治和财政财务收支绩效两个方面对经济责任审计的实际效果进行了检验。结果发现，经济责任审计力量、经济责任审计的执行力度分别与领导干部腐败案件的数量显著正相关，但经济责任审计业务量与领导干部职务犯罪之间的关系不显著，说明扩大经济责任审计对象对县处级以上领导干部腐败预防与惩治的效果不明显，应合理选择被审计对象，加强经济责任审计力量，加大查处力度，从而提高经济责任审计的效果。审计人员数量与财政财务收支绩效负相关，即审计人员数量越多，审计力量越强大，经济责任审计的效果越好，能够促使被审计的领导干部节约开支，最终达到节约使用经费的效果。经济责任审计业务量与财政财务收支绩效不显著，说明被审计的领导干部越多，审计的效果可能会越差，难以对被审计领导干部产生较大的影响。建议从被审计对象入手，构建经济责任审计监控体系。②

戚振东和尹平（2013）认为，经济责任审计的产生和发展离不开中国特殊背景下的国家治理和国家政治法律制度，不能单纯地从受托责任的经济学解释中寻找答案。分权是现代国家治理常见的策略和特征之一，由分权导致的权力运行安全的制约监督成为理解经济责任审计产生的重要现实和理论基础。与西方不同，中国从中央到地方各级政府都采取了"党委领导下的行政负责制"的国家治理方式，党委系统领导国家立法、司法和行政机关。在国家治理实现上，党委系统侧重决策、监督，行政系统侧重管理、服务等，主要是对党委决策的执行。因此，在政府权力制约机制设计上，从现行国体政体出发，更多地强调党领导建立的监督制约机制，以

---

① 王宝庆、张爱兰、王萍、何志方、周仲利：《国有资产管理体制改革对国家审计的影响及其对策》，《审计研究》2006年第4期。

② 李江涛、苗连琦、梁耀辉：《经济责任审计运行效果实证研究》，《审计研究》2011年第3期。

实现自上而下的权力制约。国家治理分权管理的普遍化和细化产生了对地方政府经济权力运行特殊制约和监督的要求。由于地方政府和国有企业较多地参与了微观经济活动实践，法律制度不健全，党委对政治生活领域的领导，以及法律调节自身存在复杂的程序和低效率，法律调节在中国国家治理中的运用存在死角和盲区，而道德伦理与文化制约不具有刚性作用力，只能处于补充或辅助地位，中国国家治理中的权力运行制约和监督网体系的建立，更多的是运用行政调节方式，采用权力对权力的监督。另外，中国迫切需要建立适合国家治理制度背景特征的权力监督和制约体系，这必然需要反映中国现代社会中政府拥有较大的市场资源配置权、行政首长权力相对集中、政府权力制约机制不完善、权力腐败与失控大多具有"经济问题"的实情，体现执政党自省、自律与执政者行权的内部控制和内部检查等特征。因此，中国的权力监督与制约机制需要针对执权者，这是经济责任审计在中国产生的理论诠释。①

4. 关于国有企业年度注册会计师审计的研究

近年来，国有企业年度注册会计师审计的一些制度安排出现了变化，如实行强制轮换制和招标制，部分企业的审计委托权由企业转移到国有资产监督管理机构手中，实行集团统一委托等。一些学者对这些政策变化的实际效果进行了实证检验。例如，汪月祥和孙娜（2009）就年度审计事务所招标和事务所轮换问题对中央企业主管财务的负责人或财务经理、为中央企业提供年度财务审计的事务所及注册会计师进行了问卷调查，结果发现，就招标制而言，被调查企业认为招标制节约了审计成本，但并没有真正提高事务所的独立性；被调查事务所认为审计时间不能保证、招标价格偏低是影响审计质量的主要因素。就事务所轮换制而言，被调查企业认为对企业情况不熟悉是轮换事务所未产生期望效果的主要原因，事务所轮换在增加企业成本的同时，对审计质量的改善并未带来显著影响，后任事务所并不因为轮换而提高职业道德；被调查事务所认为，事务所轮换增强了事务所的独立性，但也增加了审计成本，降低了事务所的收益。注册会计师审计质量要得到提高，应坚持标本兼治的原则，在探求有效的事务所聘任模式的同时，必须采取有效措施解决影响审计质量的根本问题。首

---

① 戚振东、尹平：《经济责任审计产生的动因和权力监督特征研究》，《审计研究》2013年第1期。

国有企业审计监督制度研究

先，必须营造一个人人遵纪守法、讲究诚信的社会环境；其次，必须完善企业的法人治理机制，从企业自身做起，不提供虚假的财务信息；最后，必须加强对注册会计师审计过程的监督和检查，坚决惩治违法违规的审计行为。①

王兵等（2010）以 2004~2008 年按照国资委要求变更了会计师事务所的 A 股央企上市公司为样本，分别以操控性应计利润和线下项目作为代表审计质量的变量，验证了会计师事务所变更对审计质量的影响。结果发现，会计师事务所变更对操控性应计利润的影响不显著，与线下项目显著负相关，说明其对公司通过显现项目进行利润操纵发挥了一定的作用。该研究还采用配对样本对变更和未变更会计师事务所的公司审计质量的差异进行了验证，发现国资委统一选聘会计师事务所后公司的审计质量略高，但差异不显著。研究表明，由国资委选聘审计师并未对上市公司的审计质量产生实质性影响，政府监管机构选聘审计师尽管可以改变管理层对审计师的影响，但无法产生由市场自发形成的对高质量审计需求的效果。②

张薇（2012）通过演化博弈分析发现，在审计委托权的管理者行权模式下，演化博弈的均衡更倾向于低质量审计，除非政府对审计师与管理者的合谋实行严厉的监管。在产权所有者行权的模式下，演化博弈的均衡更倾向于高质量审计。该研究以 2004~2008 年 A 股上市公司为样本，验证了两种不同行权模式的上市公司变更审计师对改善审计意见的影响。结果显示，所有者行权模式下的中央企业变更审计师不能改善审计意见，而管理者行权模式下的其他企业变更审计师可以显著改善审计意见。所有者行权模式比管理者行权模式更能抑制管理层购买审计意见的行为，保证审计质量。③

王春飞等（2010）对集团统一审计与审计质量的关系进行了实证检验。结果发现，集团统一审计降低了审计质量；提供更多的审计业务是企

---

① 汪月祥、孙娜：《中央企业审计招标和审计师轮换研究》，《审计研究》2009 年第 1 期。
② 王兵、魏静宜、苏文兵：《强制审计师任命与审计质量关系：基于国资委统一选聘的证据》，《经济管理》2010 年第 12 期。
③ 张薇：《我国中央企业审计委托模式变革的理论分析与实证检验》，《系统工程》2012 年第 11 期。

业集团收买审计师的又一重要手段;不同规模的事务所进行集团统一审计对审计质量的影响不同,即小所进行统一审计更可能导致审计质量的降低,大所进行集团统一审计对审计质量的影响不显著。①

5. 关于国有企业内部审计的研究

近年来,内部审计外部化问题成为内部审计领域的研究热点,一些学者对国有企业的内部审计外部化问题进行了研究。如李日昱和崔刚(2007)认为,内部审计之"内部"并不表示内部审计来自何处,而在于内部审计作业的领域和报告的责任。国有企业的内部审计制度安排需要进行全面而根本的再论证和再设计,在明确内部审计的范围和外部化目标的基础上,全面权衡利弊得失和轻重缓急,进而做出外部化与否的精明抉择。外部化不应被理解为不加区分和选择地整体出让,国有企业应根据自身资质和能力,相机选择外部化的内容和职能范围。既然内部审计已经被纳入组织发展的轨道上来,其外部化就应该是一个基于组织核心能力的构建和实施的有目的、有选择的过程,它需要的是一个多元化的视角和战略性的部署。②

关于国有企业内部审计发展状况的研究,比较有代表性的是时现等(2008)的研究。该研究比较了中国内部审计协会 2007 年对国有企业内部审计发展情况的问卷调查结果与国际内部审计师协会对全球内部审计活动状况的问卷调查结果。发现我国国有企业内部审计的独立性较强,国有企业内部审计存在向管理者负责的倾向。由于国有企业内部审计是由高管层主导的,审计活动的内容被限制为高管层之下的"经营活动和内部控制活动"。受审计活动和审计目标定位的限制,我国国有企业内部审计的重心为"账项基础审计"等经营活动审计方面,审计方法为"多种方法交叉"模式。虽然存在以上差异,但国内外企业内部审计在审计方法选择方面的总体趋势是一致的。在企业内部审计人员的专业能力深度、宽度和审计人员掌握知识的侧重点方面,国内外都强调沟通能力、综合能力及计算机应

---

① 王春飞、武莉娜、陆正飞:《企业集团统一审计与审计质量》,《会计研究》2010 年第 11 期。

② 李日昱、崔刚:《对国有企业内部审计发展定位的思考》,《东北财经大学学报》2007 年第 7 期。

用能力。①

国有企业文化对内部审计的影响是一个值得关注的问题，但这方面的研究还不多见，比较有代表性的是缪青（2010）的研究。该研究认为，我国国有企业这一特殊的经济群体，由于经济体制的不完善，现代企业制度还未完全建立起来，企业产权主体缺位，公司治理存在缺陷，企业文化存在弊端，内部审计在这样的企业环境中难以切实发挥其应有的作用。内部审计与国企的文化冲突主要体现在：国有企业的"行政"文化与内部审计独立性的冲突；国有企业的公民文化与内部审计目标的冲突；国有企业的传统儒家思想文化与内部审计职能的冲突等方面。冲突产生的原因主要是：内部审计符合西方文化，与中国文化不相符。在西方发达国家，企业建立内部审计制度更多的是出于内在的需求。我国内部审计制度的建立带有明显的外部压力的倾向，并不是各单位自发的需要，而是一种政府行为。这就造成了我国内审的内生动力不足。要突破这种传统企业文化的"路径依赖"，需要一个较长的历史过程。②

四、国有企业审计监督制度的国际最佳实践研究

20世纪70年代以来，随着各国对国有企业审计监督制度问题的关注日益提升，一些国际组织，如最高审计机关国际组织（the International Organization of Supreme Audit Institutions，INTOSAI）和经济合作与发展组织（Organization for Economic Cooperation and Development，OECD）等为世界各国提供了在国际层面对该问题进行交流的平台。经过对各国经验的研究和在成员之间的广泛讨论，INTOSAI 和 OECD 分别在其通过的相关文件中对国有企业审计监督制度国际最佳实践的一些核心内容达成了一致。这些关于国际最佳实践的规定为世界各国完善本国的国有企业审计监督制度

---

① 时现、毛勇、易仁萍：《国内外企业内部审计发展状况之比较》，《审计研究》2008年第6期。

② 缪青：《内审与国有企业的文化冲突》，硕士学位论文，上海交通大学，2010年，第45页。

提供了指南（INTOSAI，1977，1986；OECD，2005）。①②③④

1. INTOSAI《利马宣言——审计规划指南》

1977年，INTOSAI组织召开的最高审计机关第九届代表大会通过了《利马宣言——审计规划指南》。该指南共分为七章，第一章为总则，第二章为独立性，第三章为与议会、政府和行政机构的关系，第四章为最高审计组织的职权，第五章为审计方法、审计人员和国际知识交流，第六章为报告，第七章为最高审计组织的审计职权。其中，在第七章中设专节对国有企业的审计做出了规定。其内容包括：一是明确指出政府必须对其持有多数股份或具有决定性影响的企业进行审计。二是指出审计的形式是事后审计，审计目标应考虑国有资本运营的经济性、效率性和效果性。三是规定最高审计机关应保守企业的商业秘密，因此审计报告和相关的信息披露应受到一定的限制。

2. INTOSAI《关于绩效审计、公营企业审计和审计质量的总声明》

1986年，INTOSAI在其组织召开的最高审计机关第十二届国际会议上就公营企业审计进行了专题讨论，该议题从最高审计机关在公营企业审计中的作用、审计方法和技术、公营企业的内部控制三个方面展开。参会的91个国家的代表经过深入的讨论，就公营企业审计的良好实务规范形成了一致意见，并于会后发表了《关于绩效审计、公营企业审计和审计质量的总声明》（以下简称《声明》）。《声明》中包含的关于公营企业审计良好实务规范的观点可以概括为以下几个方面：

（1）国家审计机关的审计范围。INTOSAI认为，公营企业拥有大量的国家资金、政府投资和其他资源，需要有充分的经济责任，此项责任只有经过最高审计机关的审计才能得到保证。因此，最高审计机关审计的职责范围应包括所有公营企业。《声明》还指出，公营企业创办的附属机构也应全部纳入最高审计机关的审计范围。即使附属机构的结构和地位出现变

---

① INTOSAI：《利马宣言——审计规划指南》，法律教育网，http：//www.chinalawedu.com/news/1200/23155/23156/23167/2006/4/ma78534544429112460023060-0.htm，2015年8月8日。

② INTOSAI：《关于绩效审计、公营企业审计和审计质量的总声明》，中国网，http：//www.china.com.cn/law/flfg/txt/2006-08/08/content_7056873.htm，2006年8月8日。

③ OECD：《OECD国有企业公司治理指引》，李兆熙译，中国财政经济出版社2005年版。

④ 本书在附录一、附录二、附录三中列出了以下国际组织文件中与国有企业审计相关的内容。

化，最高审计机关仍不应减少或解除对该附属机构的审计责任。

（2）国家审计机关的审计内容。《声明》强调，无论是否具有对公营企业进行财务审计的责任，最高审计机关应有权对公营企业进行绩效审计。

（3）国家审计机关的履职条件。《声明》指出，为了保证对公营企业审计的有效性，最高审计机关应当具备以下履职条件：一是最高审计机关应独立于政府，特别是在提供必要的资源方面（包括人员、资金、培训）不能依赖于政府。二是最高审计机关能够获得审计所需的全部资料。三是最高审计机关应拥有向管理当局、政府，特别是向国家的最高政治组织做出报告的权利。四是应具备必要的审计方法和技术。

（4）国家审计机关在非审计方面的职责。《声明》认为，除审计职责之外，最高审计机关还应负有以下职责：一是领导制定有关公营企业的审计工作标准和报告标准，以确保公营企业审计遵循最高的审计专业标准，同时对公众的利益给予充分的重视。二是促进公营企业的管理当局针对他们的绩效目标和目的进行自我评价。三是确立内部审计的作用，保证内部审计人员具有适当的独立性和权威性，包括向最高管理当局报告的权利。

（5）国家审计机关与内部审计的关系。最高审计机关与内部审计之间应具有紧密的工作关系。最高审计机关如果证实了内部审计工作的独立性、工作能力、范围和质量，就能够减少它们的工作量。最高审计机关如要对内部审计给予特殊的信赖，应当像对内部控制的其他要素一样，对内部审计进行评价。

3. OECD《OECD国有企业公司治理指引》

2005年，OECD发布了《OECD国有企业公司治理指引》（以下简称《指引》）。该《指引》反映了2003年以来OECD"国有企业私有化与公司治理工作小组"在总结各国国有企业治理最佳实践经验方面的研究成果，分别从六个方面对国有商业企业的公司治理提出了指引，这六个方面具体包括：①确保对国有企业有效的法律和监管框架；②国家作为一个所有者行事；③平等对待所有股东；④与利益相关者的关系；⑤透明度和信息披露；⑥国有企业董事会的责任。其中，与国有企业审计相关的内容可以概括为以下几点：

（1）关于最高审计机关对国有企业的审计。OECD从国家所有权实体

（或协调实体）与最高审计机关之间的关系角度对最高审计机关的审计进行了规定。它认为，应该明确定义国家所有权实体（或协调实体）与最高审计机关之间的关系。可以授予国家所有权实体（或协调实体）提名或指定外部审计员的权利。与外部审计人员保持合作和经常性对话是国家作为所有者的主要职责之一。但是，这种对话不能以损害董事会的职责为代价。对于混合所有制企业，这种对话不应给予国家所有权实体（或协调实体）任何信息上的优势。

（2）关于国有企业的内部审计。《指引》指出了国有企业，特别是大型国有企业建立有效的内部审计系统的必要性。为了保证内部审计的独立性和权威性，内部审计机构应由董事会监督并直接向董事会及其审计委员会或其他同等的公司治理机关报告。内部审计人员应能够无限制地接触到董事会及其审计委员会的所有成员。应鼓励外部审计与内部审计之间的协商，并在财务报告中包括内部控制报告。

（3）关于国有企业的独立外部审计。OECD认为，国家审计机关的审计对象仅限于使用公用基金专款和预算资金的国有企业，而不是所有的国有企业。除国家审计之外，应要求至少所有的大型国有企业按照国际标准执行独立外部审计。外部审计员应独立于管理层以及大股东（包括作为国有企业大股东的政府）。该独立性的标准应与私营企业的标准相同。对国有企业的审计应依据与上市公司一样的高质量的审计标准。

（4）关于董事会审计委员会。《指引》指出，如果法律没有明确规定，国家所有权实体（或协调主体）应制定关于在何种情况下应考虑设立审计委员会的政策。大型国有企业应该设立审计委员会或者与其相当的机构。审计委员会的成员应有权会见公司的任何官员，审计委员会的主席（或主持人）应为非执行董事。考虑到审计委员会的职责所涉及的利益冲突问题的敏感性，审计委员会的委员应全部为具有财务素质的独立董事。审计委员会的存在并不能免除董事会对审计委员会所辖事务的集体责任。应制定审计委员会的规章，对其责任、权利和组织做出明确的规定。审计委员会应向董事会全体报告。审计委员会的会议记录应转发至所有的董事会成员。

五、小结：研究的机会

总体说来，我们发现关于国有企业审计监督制度的文献存在以下一些问题：

第一，关于外国国有企业审计监督制度的研究需要进一步丰富。总体来看，国外关于国有企业审计监督制度的专门研究少之又少，即使在其他研究主题的文献中有所论及，其内容也比较少，多数资料的时间较早，所讨论的问题已经过时，内容比较陈旧，已经不能反映目前外国国有企业审计监督制度的实际情况。当然这与国有企业在西方发达国家国民经济中的地位不高有关。国内关于外国国有企业审计监督制度的研究还处于简单介绍阶段，一般出自国有资产管理相关部门的官员和国有企业人员出国考察的成果。由于考察时间短，对情况的了解有限，这些成果的内容还不够丰富，还缺乏从专业研究的视角对外国国有企业审计监督制度的深度考察。因此，即使我国对外国的经验加以借鉴，也难免会存在一定的片面性。

第二，理论认为，审计制度的安排与公司治理和企业管理体制有关，但是目前的研究还远远没有揭示出这种关系的实质。理论上的困境在一定程度上阻碍了实践的发展。例如，苏格兰特许会计师协会关于外部审计应面向更广泛的利益相关者的建议尚未付诸实践。这是因为，这一审计目标的变化需要会计和审计的报告制度，包括报告对象和报告内容都要改变。此外，审计师对不同利益相关者的责任应如何明确还有待解决。

第三，关于中国国有企业审计监督制度的研究还处于初级阶段。这主要表现在相关文献主要注重对国家审计制度的研究，但是受中国国家治理模式的影响，对国家审计制度的研究长期以来没有取得实质性的突破。对社会审计和内部审计的研究总体上遵循了西方审计制度的逻辑，由于具体的模型设计的差别，得出了不一致的结论。

第四，关于国有企业审计监督制度的国际最佳实践的研究以发达的市场经济体为研究对象，总结出了在这种制度环境下国有企业审计监督制度的一些基本规律，但是对中国等发展中国家的适用性还存在疑问。此外，不同国家的国有企业审计监督制度是否能够如该类研究所建议的那样完全趋同还存在不同的意见。这些最佳实践的内容本身也还在不断地完善之中。

以上仅是列举了在梳理相关文献的过程中较为明显的几个问题。总体而言，关于国有企业的审计监督制度，无论在国际还是国内范围内都存在很大的研究空间，这也进一步说明了本书所研究问题的重要性。

第三章
国有企业审计监督制度的国际经验

本章考察了世界主要国家国有企业审计监督制度的发展概况,并对新加坡、加拿大、瑞典和澳大利亚四个国家的具体制度实践进行了详细的分析。在此基础上,总结出了外国国有企业审计监督制度的主要经验。最后,在本章的小结部分,提出了对中国的启示。

第一节
外国国有企业审计监督制度概况

从目前各国的实践情况来看,审计已经成为国家监督国有企业的一项重要制度安排。审计监督制度一般包括国家审计、社会审计和内部审计三种制度形式。但是由于各国的经济发展模式、国家治理模式和历史传统不同,国有企业审计监督制度的具体形式和内容等仍存在一定的差别。例如,英国的国家审计署不对国有企业进行审计,法国的国有企业不实行内部审计,澳大利亚的国有企业一般不实行社会审计等。具体到某一种制度形式,其制度安排也有不同。例如,韩国实行的是与行政监察相结合的国家审计模式。韩国监察院负有财务收支审计和职务监察的双重职责。依据韩国《监察院法》，监察院对政府持有50%以上投资的国有企业以及依据《民法》和《商法》以外的法律设立，同时其成员由政府直接任命或批准的企业及其所属人员的事务进行职务监察。而其他国家的国家审计与行政监察是相互独立的。

从历史发展的维度来看，由于国际经济一体化的发展以及最高审计机关国际组织（INTOSAI）、经合组织（OECD）在推广国有企业审计监督制度的国际最佳实践方面的努力，也由于各国国有企业发展中审计监督制度所暴露出的不足，各国开始自觉地检视并改革本国的制度安排。其结果是，在世界范围内，尤其是在INTOSAI和OECD成员国中，各国的国有企业审计监督制度开始出现一定程度的趋同。这一趋势主要体现在以下几个方面：一是在国家审计的领导体制方面，立法模式已经成为公认的较为理想的模式。一般认为，与司法模式、行政模式等相比，立法模式下国家审计机关的独立性更高。与之相反，行政模式被认为是独立性最差的模式。近年来，国际上仅有的几个采用行政模式的国家已开始逐渐向立法模式转型。例如，瑞典以前实行的是立法与行政并存的双重领导模式。即存在两个国家审计机关，其中一个隶属于议会，对政府机关进行审计；另一个则隶属于政府，对政府管理的国有企业进行审计。2003年以后，瑞典为了增强国家审计的独立性，将两个国家审计机关合二为一，统一隶属于议会。二是几乎所有国家都已将OECD所提出的关于审计委员会的原则纳入了本国的相关法律法规和治理准则之中。审计委员会作为协调内外部审计与公司治理机关之间的重要组织，在确保内外部审计的合规性以及有效性方面发挥着日益重要的作用。三是在审计准则方面出现的趋同，即国际内部审计协会（IIA）的国际内部审计执业准则、INTOSAI的最高国家机关审计准则以及国际会计师联合会（IFAC）的国际审计准则在各国国有企业审计中得到了广泛的应用。很多国家在相关法律中明确规定，对国有企业的审计应遵循以上国际准则。

表 3-1　世界主要国家国有企业审计监督制度概况

国家	审计类型	审计主体	法律依据	审计内容
美国	国家审计	美国总审计长	《预算和会计法》《美国政府审计准则》《政府公司控制法》专门法	对公司交易进行审计（每年至少一次）；审查所有总监察长或外部审计员依法完成的财务报表审计；以总审计长的名义或应国会委员的要求审计政府公司的财务报表；绩效审计
	社会审计	外部独立审计员（由公司总监察长确定，否则由公司负责人确定）	《1978年总监察长法》《美国政府审计准则》	政府公司的财务报表审计
	内部审计	公司总监察长	《1978年总监察长法》	内部控制审计、业务审计、合同审计、环境审计等一切与实现公司目标有关的领域的审计
英国	国家审计	主计审计长	议会要求、《公司法》《2011预算责任和审计法》	按照议会的要求对国有企业的私有化项目进行审计；主计审计长有权对以公司形式设立的非部门公共机构进行审计
	社会审计	股东大会每年任命的审计师（在执行审计任务时，是公司的监事，为股东利益服务；对公司违法事件起诉时，审计师被认为是公司的高级职员）	《公司法》	年度财务报表审计和纳税审计
	内部审计	内部审计机构		管理审计

续表

国家	审计类型	审计主体	法律依据	审计内容
加拿大	国家审计	审计长公署	《加拿大财务管理法》、专门法	综合审计
	社会审计	审计师	《加拿大商业公司法》	①公司证券公开发行，被一人以上所持有；②公司及其分支机构的毛收入在1000万加元以上或其资产在500万加元以上
	内部审计	企业内部审计机构	《加拿大政府内部审计准则》	1984年议会决议规定国有企业必须建立内部审计机构，实行以机构效益审计为主的综合审计
澳大利亚	国家审计	总审计长	《总审计长法》《公共治理、绩效与责任法》、专门法	部属商业企业的财务审计和绩效审计（包括下属企业或公司，除非注册地法律不允许总审计长审计，或总审计长认为不适合由其进行审计）；联邦公司及其下属机构的财务报表审计；对除政府商业机构以外的联邦公司及其下属单位进行绩效审计；应主管部长、财政部长和联合委员会的要求对政府商业机构及其下属单位实施绩效审计；一些州和领地的公司法要求任命审计长作为联邦公司或联邦控股公司的审计人
	内部审计	内部审计机构	内审协会发布的职业准则	内部控制审计（包括控制的实体及其商业活动）

续表

国家	审计类型	审计主体	法律依据	审计内容
法国	国家审计	审计法院	《审计法院法》	对企业会计账目进行审计
	社会审计	法定审计师	《公司法》《全国统一会计总计划》	年度财务报表审计
德国	国家审计	联邦审计院	《基本法》《联邦预算法》	联邦企业（一些小企业），联邦参与的私人企业；合法性审计和经济性审计
	社会审计	决算审计人（由主管联邦部门与联邦审计署选任）	《德国股份公司法》《联邦和州预算原则法》	对私法公共企业实施年度决算审计（持股1/4以上，地方政府可要求在决算审计中加入合规审计）；每隔五年对私法公共企业内部审计进行一次审核
	内部审计	内部审计机构	《德国公司治理原则》	财务审计、运营审计、管理效益审计、舞弊审计、内部咨询
瑞典	国家审计	国家审计局	《国家审计局法》《国家活动审计法》	对政府与企业相关的活动进行绩效审计，按照公司的章程或特别决定条款的规定，国家审计局可任命一名或多名审计师参与国有企业的年度审计
	社会审计	会计师事务所	《瑞典国家所有权政策》《公司法》	年度报告的审计；国家审计局可任命审计人员参与年度报告的审计
	内部审计	内部审计机构	《瑞典国家所有权政策》《公司法》	对公司的风险管理、内控和治理程序进行监督和评估，并提出建议

续表

国家	审计类型	审计主体	法律依据	审计内容
印度	国家审计	主计审计长公署	《宪法》《主计审计长法》	法定审计：对按照专门法成立的法定公司的年度账目进行审计 经营事项审计：对国有企业的业务事项的经济性、效率性和效益性、合规性和合理性进行审计（每年一次） 绩效评价：审计委员会对国有企业生产经营的全过程进行综合评价和全面检查 补充审计：对经过注册会计师审计的国有企业账目进行补充审计（大企业每年一次，小企业两三年一次）
	注册会计师审计	根据主计审计长的建议，政府主管部门指定注册会计师	《公司法》《主计审计长法》	对根据公司法设立的国有企业实施财务审计
	内部审计	内部审计科（大型国企内设审计小组，作为主计审计长公署的派出机构）	《公司法》《主计审计长法》	业务审计和非业务审计
韩国	国家审计	监察院	《监察院法》	对国家投资占资本金一半以上的企业的会计、业务进行审计（每年必审）；在监察院认为必要时，或应国务院总理的要求，对政府持有部分投资的企业以及政府持有投资的企业所投资的企业的账目进行审计；实行集中审计，审计与监察委员会为唯一的授权审计机构

续表

国家	审计类型	审计主体	法律依据	审计内容
	社会审计	会计审计人，即注册会计师事务所或（外部）监事班	《公共机构运营法》	年度决算审计
	内部审计	企业现任会计师	《商法》	本企业的会计检查和职务监察
新加坡	国家审计	审计署	《新加坡宪法》、《审计法》	对法定机构进行审计；在国有公司要求的情况下，对其进行审计
	社会审计	会计师事务所	《公司法》	每年对公司的财务报告进行审计和鉴证
	内部审计	内部审计机构	《公司法》	内部审计部门每18个月对公司各个部门轮回审计一次，法律部门则对集团各个部门的守规情况进行监督、监察

资料来源：笔者整理。

第二节
外国国有企业审计监督制度的具体实践

本节以新加坡、加拿大、瑞典和澳大利亚作为研究样本，分别对这四个国家国有企业审计监督制度的具体实践进行详细的分析。

一、新加坡的制度实践

1. 新加坡国有企业概况

新加坡是世界上公认的国有企业发展较有特色并且比较成功的国家之一。国有企业的贡献在新加坡国民经济中一度占有很大的比重。20世纪70年代后期以来，国有经济部门在新加坡国内固定资本形成总值中所占的比重一直处在1/4左右。20世纪80年代，新加坡一些领域的私营企业已具备参与国际竞争的能力，国内外经济形势的变化导致新加坡的国有企业整体盈利能力下降。为了加大政府对新兴和战略性产业的投资，减少国有企业在一些领域与私营企业的不公平竞争，促进资本市场的发展，1985年新加坡正式开始对国有企业实施私有化计划。通过私有化，国家已从竞争性领域的小型国有企业中全部退出。国有资产逐渐从竞争领域转向国防与安全领域以及关系国计民生的领域。[①]

政府直接持股的国有企业分为政府独资的法定机构和投资控股公司两大类。其中，法定机构是依照专门法设立的特殊功能机构。它介于政府与企业之间，虽然实施企业化经营，但承担部分政府监管的职能，并以实现社会目标为己任。法定机构由议会通过特殊立法创立，向部长报告，并向议会负责。它是独立于政府的具有法人地位的实体，在人事、采购和管理方面比政府部门要灵活。其雇员也不属于公务员。营利性法定机构和企业一样向政府缴纳同样比例的企业所得税。法定机构设董事会。董事会主席通常由议会议员、高级公务员或者在某领域内的杰出人士担任并由负责的部长任命；其他董事由高级公务员、商人、专业人士、学者或行业协会会员担任。对于财务上不能自我维持的法定机构，议会需要批准其年度预算，财政部需要批准其运营资金或资本金。[②] 随着私有化的发展，法定机构的服务职能逐渐被剥离，公司化水平越来越高。截至2019年6月底，新加坡各部委共拥有64家法定机构。其中，拥有法定机构最多的是教育部，拥有10家法定机构。其次是贸易与工业部，拥有9家法定机构（见

[①] 李俊江、史本叶、侯蕾：《外国国有企业改革研究》，经济科学出版社2010年版，第193—195页。

[②] 李爱明：《法定机构：企业化的政府》，《华夏时报》2011年8月22日第A31版。

表3-2)。

表3-2 新加坡政府部门所属的法定机构数量（2019年）

政 府 部 门	法 定 机 构
交通与信息部	2
文化、社区与青年部	5
国防部	1
教育部	10
财政部	4
外交部	0
卫生部	7
内政部	2
法务部	3
人力部	3
国家发展部	7
社会与家庭发展部	1
环境与水资源部	3
贸易与工业部	9
运输部	4
总理办公室	3
合计	64

资料来源：根据新加坡各政府部门网站信息统计。

国有独资的投资控股公司目前只剩下淡马锡控股公司一家。淡马锡控股公司按照公司法设立，其管理体制可以概括为以下几个方面：①人事管理。由董事与顾问提名委员会负责提名董事人选。该委员会由财政部牵头设立，由财政部长、其他部长以及行业专家组成。对于董事会成员的任免或续任必须得到总统的同意，以确保董事会成员的诚信，保护公司的过去储备金。董事会对首席执行长的任免也须获得总统的同意。政府不能对公司内部的人事任免直接进行干预。②对管理层的考核与激励。依据利润指标对经营者业绩进行考核。③利润分配管理。公司每年从赚取的利润中派发股息,由董事会建议并在年度股东大会上提交股东考虑。董事会在持续向股东上缴回报与保留收益进行再投资之间取得平衡。股东获取的股息不能超过董事会建议的金额。④对公司储备金和财务的控制与管理。淡马锡在当届政府内阁就职之前所积累的储备金构成了淡马锡的过去储备金。除非关系到淡马锡过去储备金的保护,否则无论是新加坡共和国总统还是其股东新加坡政府,均不参与淡马锡投资、脱售或其他商业决策。对于不符合公司利益的政府指令,董事会有权拒绝接受该指令。公司向政府股东提供由国际审计公司审计的年度法定财务报表,并定期报告最新财务状况。政府对财务报表进行审核。⑤经营目标管理。控股公司始终以盈利为目标。如果政府要求控股公司协助实现政府的某些举措,则应对其进行一定的补偿,否则控股公司有权拒绝政府的要求。⑥董事会对公司的管理。董事会对公司的整体长远战略目标、年度预算、年度经审计法定财务报表、重大投资与脱售建议、重大融资建议、首席执行长的委任及继任计划、董事会变动等事项保留决策权。淡马锡的治理结构如图3-1所示。

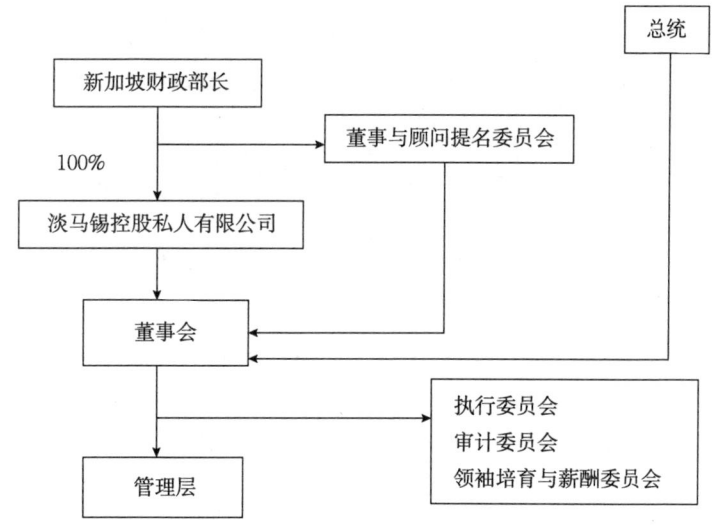

图3-1 淡马锡的治理结构

资料来源:笔者绘制。

法定机构和投资控股公司独资、控股或参股一系列的政联公司。政联公司的管理体制可以概括为以下两个方面：①产权管理。对私有股权和外资股权实行限制。法律规定，政联公司中任何个人持股不能超过5%，外资持股不能超过公司资产总值的15%。① 限制银行、财务公司、保险公司及报业公司中的私人股权，以防止私人通过积累股份而接管这些公司。为保证运输、石油、报业等重要行业的公司由本国控制，限制外资股权。根据政府目标发行特别股，持有特别股的政府股东拥有对修改章程的批准权、否决权，以及对董事的任命权或者多重表决权等。②人事管理。对于政府投资控股公司和法定机构直接持股的"第一层"政联公司，其董事候选人的人选由各股东提出。其中，政府投资控股公司和法定机构所提出的董事人选须提请财政部的董事与顾问提名委员会批准。非政府股东所提出的董事人选也须向该委员会进行咨询和备案。第二层及其以下的政联公司的董事人选无须向该委员会报备和审批。政府投资控股公司和法定机构不干涉政联公司的日常经营管理事务。② 图 3-2 为新加坡国有企业的结构。

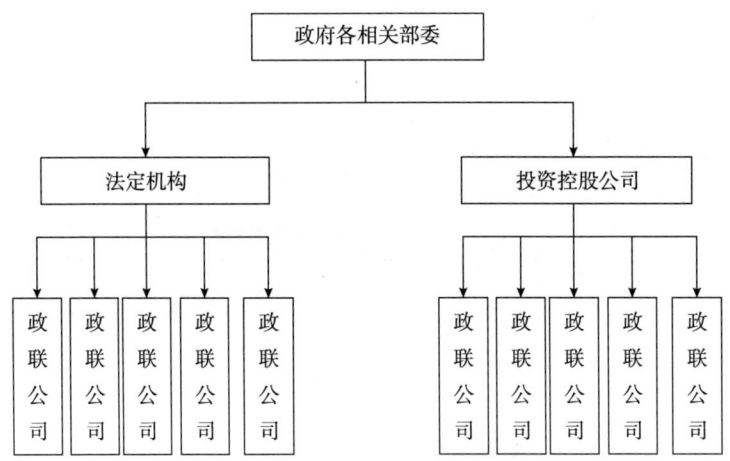

图 3-2　新加坡国有企业的结构

资料来源：笔者绘制。

---

① 李俊江、史本叶、侯蕾：《外国国有企业改革研究》，经济科学出版社 2010 年版，第 204 页。

② 叶祥松：《新加坡国有企业管理体制及其启示》，《学术界》1996 年第 2 期。

2. 新加坡国有企业的审计监督制度

新加坡对依照专门法设立的法定机构与依照公司法设立的投资控股公司和政联公司实行不同的审计监督制度。

（1）法定机构的审计监督制度。法定机构的法定审计包括年度财务审计和选择性审计。审计长仅对少数法定机构进行年度财务审计。绝大多数的法定机构由商业审计人对其进行年度财务审计，审计长对这部分法定机构实行轮流的选择性审计（即绩效审计）。内部审计为非法定审计，但在政府鼓励下，多数大中型法定机构都实行了内部审计。

1）国家审计。除新加坡金融管理局法规定该局只能由审计长进行年度财务审计外，其他法定机构的专门法均规定可由审计长或其他审计人对其年度财务报告进行审计。依据审计法，经财政部长同意，法定机构可要求审计长对其账目进行审计。审计人应在审计报告中对财务报告的合法合规性、公允性、会计记录和其他记录保存的适当性及资金、资产交易的合法性做出评价，并可报告任何其认为应该报告的审计中出现的事项。2009~2018年，审计长每年仅对固定的三家法定机构（包括新加坡会计与公司管理局、新加坡税务局和新加坡金融管理局）实施了年度财务审计。此外，仅在2009年和2010年分别对新加坡赛马博彩管理局和国防科工局进行了年度财务审计。审计法规定，如果财政部长认为公共利益需要，可要求审计长对法定机构的账目进行审计。依据此项规定，审计长对由商业审计人实行年度财务审计的每家法定机构至少每5~7年进行一次选择性审计（Selective Audit）。选择性审计就是一种绩效审计。审计的内容是对选定的领域进行检查，以确定是否存在财务违规，公共资金和公共资源是否存在过度使用、滥用和低效使用等会导致浪费的问题，是否存在相应的预防措施。①

2）社会审计。当审计长不担任审计人时，由主管部长任命的商业审计人对法定机构进行年度财务审计。审计人的人选应征询审计长的意见。审计内容与审计长对法定机构的年度财务审计相同。目前，这部分法定机构占绝大多数。审计法规定，当与过去的审计有关的投诉、反馈或意见引起审计长的注意时，审计长可对法定机构的社会审计发起临时调查。

---

① Reports of the Auditor-General，新加坡审计署网站，http://www.ago.gov.sg/publications，2017年8月20日。

3) 内部审计。法律并不强制要求法定机构实行内部审计，但国家鼓励其建立内部审计部门，作为总审计署审计的补充。内部审计部门负责保证法定机构的财务记录真实有效，并对内部控制系统进行检视。内部审计部门直属董事会领导，一旦发现任何问题，立即向董事会审计委员会报告并提出相应的解决措施。目前，大多数大中型法定机构均设立了内部审计部门。

（2）投资控股公司和政联公司的审计监督制度。投资控股公司和政联公司的审计以社会审计与内部审计为主。但在一定条件下，也可以进行国家审计。

1) 国家审计。审计法规定，财政部长如果认为公共利益需要，可要求审计长对投资控股公司和政联公司的账目进行审计；经财政部长同意，投资控股公司和政联公司也可以要求审计长对其账目进行审计。实践中，审计长对淡马锡及其下属的政联公司以及法定机构下属的政联公司均未进行审计。

2) 社会审计。每个企业的年度财务报告都要经过公共会计师的审计，上交给指定的政府部门及注册局和税务局。公司法规定每家上市公司均需设立审计委员会。委员会所有成员至少有三位必须是非执行董事，而且大多数的成员还是独立董事。至少有两位成员应具备会计或相关财务管理专长。董事长不能担任审计委员会主席。审计委员会在授权范围内可以调查任何事项，有权和管理层见面并取得他们的合作。在管理层回避的状况下，审计委员会可以约见内外部审计人员。审计委员会也可自行决定邀请任何董事或管理人员出席会议。审计委员会向董事会报告内外部审计的有效性和准确性、信息披露的恰当程度、风险管理和内部监控系统的质量。审计委员会也和管理层、外部审计人员联手审查季度和年度财务报告，审查和批准内外部审计人员的计划，以及他们对于内部会计监控系统的评估。

3) 内部审计。按照公司法的规定，审查内部审计的范围和结果是公司审计委员会的法定职责之一。因此，内部审计可视为上市公司的法定审计。其他非上市的投资控股公司和政联公司可不实行内部审计。但实践中，淡马锡及其下属非上市企业也设立了内部审计部门并实行了内部审计。新加坡国有企业的审计监督制度如表3-3所示。

表 3-3　新加坡国有企业的审计监督制度

国有企业的类型	法律依据	审计类型	审计内容
法定机构	《宪法》《审计法》《财务程序法》《财务条例》、专门法	国家审计	包括年度财务审计（专门法规定时或法定机构要求时）和选择性审计（每5~7年一次）
		社会审计	当审计长不担任审计人时，由主管部长任命的商业审计人对法定机构进行年度财务审计；审计人的人选应征询审计长的意见；审计长可对社会审计进行临时调查
		内部审计	非法定审计；多数大中型法定机构均实行了内部审计
投资控股公司和政联公司	《宪法》《审计法》《公司法》	国家审计	年度财务审计（财政部长要求时或投资控股公司和政联公司要求时）
		社会审计	年度财务审计
		内部审计	上市公司的法定审计；实践中均实行了内部审计

资料来源：笔者整理。

专栏 3-1　新加坡国有企业的监督制度

由于投资控股公司和政联公司都是依照公司法注册的私人公司，对这些国有企业的监督主要依据公司法和其他法律的规定。对法定机构的监督则依照特别法。总体而言，对国有企业的监督有以下几个方面：

（1）社会监督。所有投资控股公司和政联公司的资料都存放在注册局，任何人都可以索取和查阅。媒体对投资控股公司和政联公司保持高度的关注，一发现问题就使其成为社会舆论的焦点，起到强有力的社会监督作用。法定机构具有部分市场监管职能，受其监管的市场参与者如果发现法定机构在监管过程中有违规行为，可以向法定机构的政府主管部门或者司法机关提起诉讼。此外，消费者协会作为消费者利益的代表，当发现法定机构侵害消费者利益时也会通过诉讼或其他方式对法定机构实行强有力的监督。

（2）政府主管部门的监督。投资控股公司的主管部门是财政部。财政部长每年到较大的子公司审查一次，定期对公司报送的财务报表进行审查，也可随时派人到公司或其子公司调查了解情况。设立该法定机构的政府主管部门对法定机构负有主要监督责任。每个法定机构在政府主管部门的指导下进行运作，重大决策要向主管部门汇报，并及时向政府主管部门报送年度财务报表和月度财务报表以接受其审查。

（3）国会的监督。所有的国有企业均应向国会提交年报，包括财务报告。财务报告在提交给国会之前应由公共账户委员会对其进行审查并提出相应的建议。总审计署对国有企业实施这些建议的情况进行监督，并向委员会提交建议实施进程的报告。

（4）行政监察。法定机构和国有投资控股公司以及政联公司的董事会中有部分董事属于公职人员。新加坡实行严格的反腐倡廉法律和法规，由总统直接负责的贪污调查局对下派到各控股公司的国家公职人员的公务活动实行行政监察。

（5）审计监督。法定机构以国家审计为主。国家对所有法定机构实施年度财务审计，并在必要时实施绩效审计和项目审计。当法律没有规定实行国家审计时，在国家审计署的监督下，法定机构需实行社会审计。内部审计对于法定机构来说属于非法定审计，但实践中大多数法定机构都实行了内部审计制度。投资控股公司和政联公司的审计则以社会审计和内部审计为主。国家审计署仅对一小部分涉及国家安全的国有公司实行审计，并在必要时对特定的国有公司实行绩效审计和项目审计。

资料来源：根据新加坡相关法律、法规整理。

二、加拿大的制度实践

按照投资于国有企业的政府层级的不同，加拿大的国有企业可以分为联邦所属国有企业、省属国有企业和市级国有企业。本节的分析对象以联邦所属国有企业为主。

1. 加拿大国有企业概况

虽然加拿大国有经济比例少于某些西欧国家，但国有企业在一些特定行业发挥着重要作用。① 根据股权结构的不同，加拿大的国有企业可以分为三类：第一类是皇冠公司（Crown Corporations），即政府直接独资持有的企业及其全资子公司。第二类是混合企业（Mixed Enterprises），即政府（包括政府部门和政府机构，如一些政府设立的投资机构）与私人部门合资的企业。第三类是合资企业（Joint Enterprises），即不同层级的政府合资的企业。截至 2015 年 7 月，加拿大共有 58 家联邦皇冠公司，主要分布在国家认为私人部门无法经营的领域。② 根据加拿大国库部发布的《关于加拿大政府在皇冠公司和其他公司中的权益的报告》，截至 2010 年，联邦政府层面仅存在两家合资企业，不存在混合企业，绝大多数皇冠母公司的下属公司（Subsidiaries）为全资子公司。③ 图 3-3 为加拿大国有企业的结构。

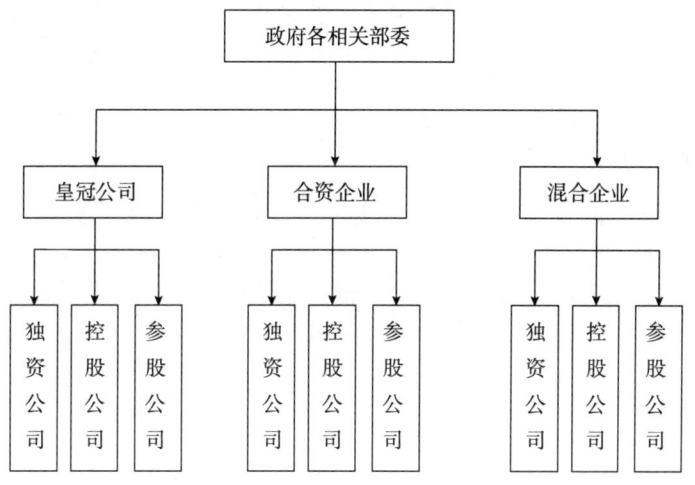

图 3-3　加拿大国有企业的结构

资料来源：笔者绘制。

---

① 刘军：《加拿大》，社会科学文献出版社 2010 年版，第 152 页。
② Heads of Crown Corporations，加拿大议会网站，http：//www.parl.gc.ca/parlinfo/compilations/federalgovernment/crowncorporation.aspx，2015-07-13。
③ Crown Corporations and Other Corporate Interests of Canada 2010，加拿大国库部网站，https：//www.tbs-sct.gc.ca/reports-rapports/cc-se/2010/cc-se09-eng.asp，2015-07-13。

皇冠公司具有商业和公共政策的双重经营目标，但采用私营部门的经营模式，在经营方面与政府保持一定的距离。负责皇冠公司的国有资产管理与企业经营的机关包括国库委员会及其下属的皇冠公司管理局、财政部、议会、总理和院督、主管部长、公司董事会和管理层。

加拿大政府具体负责对国有资产进行管理的部门是国库委员会。国库委员会是内阁委员会之一，由政府六位部长即内阁成员组成。财政部长是国库委员会最重要的成员之一。国库委员会的主要职责是管理政府各部委的财政预算。其对皇冠公司的管理职责是：保持对皇冠公司活动和计划执行的监督，向财政部和国库委员会及其内阁提供咨询。具体包括：①对是否批准皇冠公司每年向议会提交的各种公司计划向院督提出建议；②根据主管部长的建议，对国有企业的运营和资金预算进行审批；③制定皇冠公司有关的责任制和管理框架；④向议会提交有关皇冠公司总体运作情况的年度报告。

国库委员会下设皇冠公司管理局。皇冠公司管理局是财政部和国库委员会共同组建的管理皇冠公司的联合办事机构。皇冠公司管理局下设三个主要部门：①交通与财务部。该部门由财务分析专家组成，负责对金融和交通领域的皇冠公司的总体经营状况进行分析和判断。②计划、产权和资源部。该部门也主要是由财务专家组成，负责对经营资源和产权的皇冠公司的总体状况进行分析。此外，还有部分精通政府计划的专家，负责制订政府计划。③政策和公司信息部。该部门负责对皇冠公司的劳动就业情况进行研究，分析各种政策对就业的影响。①

财政部对皇冠公司的职责是：①批准皇冠公司的借款计划、外国银行账户以及特殊用途的账户；②向有意借款的国有企业就其公司计划和资金预算提出建议；③可协同主管部长，要求皇冠公司向政府支付剩余货币收入；④参与审议、批准国库委员会皇冠公司管理局的计划。

议会是皇冠公司的所有者。其主要职责包括：①通过立法对皇冠公司的建立、解散或私有化进行规范；②确定国有企业的经营目标、规模等；③每年对公司的有关信息进行审查，包括已获批准的公司计划和预算概要以及公司的年度报告等；④议会常务委员会可要求主管部长及公司人员接

---

① 王开国：《国有资产管理实务全书》，宇航出版社 1995 年版，第 187-193 页。

受议会的质询。

总理负责对皇冠公司的成立和关闭事宜进行核准。

院督是内阁委员会之一。院督主要负责的内容包括：①批准公司董事会成员、主席和首席执行官的委任与薪酬；②根据主管部长和财政委员会的建议批准公司计划；③批准国有公司子公司的建立和解散；④每年任命公司的审计人。

主管部长向议会和内阁负责。其主要职责是：①向议会提交公司的年度报告以及获批准的公司计划和预算概要；②就国有企业的董事会成员任命提出建议；③就公司计划和预算的批准提出建议，包括批准的前提条件。

公司董事会向主管部长报告工作，主要负责：①对企业的全面管理；②监督公司并对首席执行官的表现做出评价；③审核公司的主要经营策略；④审核审计师关于财务账户和财务控制的报告；⑤向主管部长或拨款部长（在已得到拨款或计划申请拨款的情况下）报告工作；⑥根据主管部长或拨款部长的社会调控指令，接受社会调控信息，向管理层传递政府的意见。皇冠公司的董事长必须由非政府官员担任，副董事长必须由内阁部长担任。担任副董事长的内阁部长在议会和皇冠公司之间起桥梁作用，其一方面向议会报告皇冠公司的情况，另一方面也向皇冠公司传达议会的意见和建议。这种人事安排既有利于政府对皇冠公司的经营情况进行监督，又不至于对公司的独立运作产生影响。

皇冠公司管理层负责皇冠公司具体的日常经营，其职责包括：①制定公司的总体战略和公司计划；②执行公司计划并保证实现计划所制定的经营目标；③制定公司的行政管理和人事政策，负责公司日常经营活动，包括购买、销售、生产、借款等活动；④保证公司资产的安全和有效使用；⑤对于可能对公司经营目标的实现或资金需求产生实质影响的情况，应及时向政府报告。[1][2]

对于全资的子公司，皇冠母公司应在与公司章程、内部规章和管理有关的方面采取必要的措施，以确保子公司的运营符合《加拿大财务管理法》及其他相关规定的要求。皇冠母公司任命下属企业的董事，下属

---

[1] 孙树义：《国有企业监事会制度》，经济日报出版社2001年版，第250–255页。
[2] 王开国：《国有资产管理实务全书》，宇航出版社1995年版，第187–193页。

企业的董事会向皇冠母公司的董事会报告并负责。皇冠公司与政府的关系如图3-4所示。

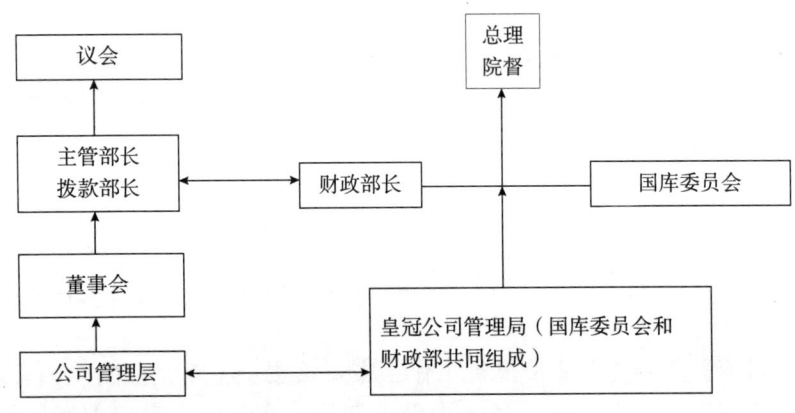

图3-4 皇冠公司与政府的关系

资料来源：笔者绘制。

目前加拿大联邦层面已不存在混合企业，即使在地方政府层面，混合企业也不多见。历史上，混合企业一般有两种来源：一是政府收购私营企业的股份；二是政府对其独资的企业实行部分私有化。混合企业一般是在国内股票市场上市的公司。合资企业目前在联邦层面仅剩下两家，即自然资源领域的 Lower Churchill 发展有限公司以及为促进地区经济发展多样化而设立的 North Portage 发展公司。混合企业和合资企业的经营管理遵循一般私营企业的模式。政府委任一位部长作为政府股东的代表，按照公司法的规定，通过参加股东会行使股东权利。

2. 加拿大国有企业的审计监督制度

加拿大对皇冠公司与混合企业和合资企业实行不同的审计监督制度。

(1) 皇冠公司的审计监督制度。皇冠公司实行审计人制度，由审计人负责对公司进行年度财务审计和特别检查（即绩效审计）。绝大多数皇冠公司的审计人为加拿大总审计长。仅在总审计长放弃该权利时，才由院督任命的公共会计师担任审计人。除非能够证明实行内部审计不符合成本效益原则，否则皇冠公司应依法实行内部审计。

1) 国家审计。皇冠公司设审计人。在主管部长征询公司董事会意见之后，院督每年对外部审计师进行任命。在主管部长征询了公司董事会的意见之后，院督可随时撤销对外部审计师的任命。除非总审计长放弃作为审计人的权利，否则院督将认命总审计长担任皇冠公司的年度审计人或联合审计人。①

审计人负责对公司实施年度审计和特别检查。其中，年度审计的内容包括：财务报告是否遵照公认会计准则，是否与前期具有连续性；数量信息是否在所有的实质方面是准确的，是否与前期具有连续性；公司交易是否符合法规、公司设立所依据的法律、公司章程和院督的指令；任何在审计范围内应引起议会注意的事项。在院督的要求下，审计人还可提供其他审计报告。

《加拿大财务管理法》规定，每家联邦皇冠公司应至少每十年进行一次特别检查。院督、主管部长、公司董事会以及总审计长也可随时要求审计人对皇冠公司进行特别检查。特别检查其实就是对皇冠公司的绩效审计，目的是确保公司对财务、管理、信息系统的控制，保证公司资产的安全以及公司的财务、人力和物力资源得到有效的管理。

审计人任期期满可以连任。审计人必须独立于公司及其关联企业、公司的董事和高管及其关联人员。当意识到自己已经不符合担任审计人的标准时，审计人应立即辞任。审计人可在检查的任何阶段就审计相关的问题以及应引起议会注意的问题等向总审计长进行咨询。应审计人的需要，公司的现任和前任董事、高管、雇员以及代理人应向其提供必要的信息。审计人可以利用内部审计、其他审计人以及检查者的报告。

2）社会审计。当总审计长放弃担任皇冠公司审计人的权利时，由院督任命公共会计师担任公司审计人，并对皇冠公司实施年度财务审计、特别检查和其他审计。

3）内部审计。除非院督认为实行内部审计的收益不足以抵销其成本，否则皇冠母公司应对本公司及其全资子公司进行内部审计。对于皇冠公司董事会成员数目在四人以上的，应设立审计委员会。当董事数量低于四人时，董事会代行审计委员会的职责。审计委员会的职责包括：①审阅公司的财务报告并提出建议；②对公司的内部审计进行监督；③审阅公司的年度审计报告并提出建议；④审阅特别检查的计划和报告并提出建议；⑤公

---

① 《加拿大财务管理法》第134条。

司法律或章程、内部规章规定的或董事会分配的其他职责。审计委员会的每次会议都应通知该公司的审计人和特别检查者。在审计委员会的任何一名委员的要求下，公司审计人与检查者都应参加或旁听该委员任期内的每一次审计委员会会议。公司审计人、检查者以及审计委员会委员可以提出召开审计委员会会议。

（2）混合企业和合资企业的审计监督制度。《加拿大公司法》规定，对公司证券公开发行，被一人以上所持有或公司及其分支机构的毛收入在1000万加元以上或其资产在500万加元以上的公司必须进行年度审计。公司股东会每年通过普通决议任命公司年度审计的审计人。审计人必须独立于公司及其关联企业、公司的董事和高管及其关联人员。当意识到自己已经不符合担任审计人的标准时，审计人应立即辞任。审计人的薪酬由股东会通过普通决议决定，否则由董事们决定。如果公司的股东，包括无表决权的股东，一致同意，则公司可以不任命审计人。审计人有权获得公司召开每次股东会的通知，并参会以听取与其职责相关的会议内容，相关费用由公司负责。任一公司股东或董事，无论是否拥有表决权，可在股东会召开10天前书面通知公司审计人或前任审计人出席股东会，并接受与其审计职责相关的质询，相关费用由公司负责。公司应设立由三名以上董事组成的审计委员会。审计委员会的委员不能是公司及其附属单位的官员或雇员。公司也可以以任何合适的理由向部长所任命的主管（Director）申请免于设立审计委员会。审计委员会召开每次会议均应事先通知公司的审计人，审计人可决定是否参加。当审计委员会要求审计人参加时，审计人应参加会议，参会的费用由公司负责。公司审计人或审计委员会委员可召集审计委员会会议。

内部审计为非法定审计，企业可根据自身的需要选择是否实行内部审计。内部审计机构一般由公司董事会聘请的公司外部人员组成。加拿大国有企业的审计监督制度如表3-4所示。

表 3-4 加拿大国有企业的审计监督制度

国有企业的类型	法律依据	审计类型	审计内容
皇冠公司	《加拿大财务管理法》、专门法《加拿大政府内部审计准则》	国家审计	常规审计：年度财务审计 绩效审计（特别检查）：至少十年审计一次 其他审计：根据院督的要求
		社会审计	当总审计长放弃担任审计人时，由院督任命的公共会计师担任审计人，履行上述包括常规审计、绩效审计和其他审计在内的审计职责
		内部审计	法定审计；以效益审计为主的综合审计
混合企业和合资企业	《加拿大公司法》	社会审计	法定审计；年度财务审计
		内部审计	非法定审计

资料来源：笔者整理。

专栏 3-2 加拿大联邦国有企业的监督制度

1. 皇冠公司的监督制度

对皇冠公司的监督主要依靠议会监督、审计监督和社会监督。其中，议会监督主要体现在议会每年对公司的有关信息进行的审查以及议会常务委员会在必要时对主管部长及公司人员的质询。审计监督制度包括皇冠公司的法定审计人（在多数情况下是加拿大总审计长，否则为政府任命的公共会计师）对公司实行的年度财务审计、绩效审计（即特别检查）以及内部审计。此外，法律对皇冠公司的信息披露进行了详细的规定。例如，皇冠公司的季报应在该季度结束后的 60 天内公开。季报应包括以下内容：该季度的财务声明，该财年开始时到该季度末的财务声明，与前期的财务对比，关于企业运营、人事和项目的结果、风险和重大变动的声明。公司董事会应在收到特别检查报告的 60 天内向公众公开该报告。每季度结束后，国库委员会主席应向公众发布关于所有皇冠公司发展情况的季报以及年报。因此，社会监督也很重要。

2. 混合企业和合资企业的监督制度

混合企业和合资企业的监督制度遵循《加拿大公司法》的规定。对于上市的混合企业，主要依靠社会监督和证券监管部门的监督。对于皇冠母公司下属的混合企业，由母公司对其进行管理。混合企业向皇冠母公司和其他股东报告。混合企业设立审计委员会并进行年度审计。法律规定当公司的存续是为了欺诈之目的或者有欺诈行为或者对证券持有人有不公正之行为时，证券持有人或部长所任命的主管（Director）可以申请法院发布命令，对公司及其任意子公司进行调查。

资料来源：《加拿大财务管理法》、《加拿大公司法》。

三、瑞典的制度实践

1. 瑞典国有企业概况

截至 2014 年底，瑞典共有 49 家国有企业。其中，41 家为国有独资企业，另外 8 家为国家控股和参股的企业，包括两家上市公司。国有企业主要分布在基础材料和能源、电信、服务和房地产等领域。除一家企业依据公共法设立之外，其他企业均依据公司法设立。

议会授权政府管理国有资产。议会的具体职责包括：向国有企业分配公共政策任务，并令其载入公司章程。决定国家在国有企业中的股权的变动。决定国有资产管理和处置的原则。没有议会批准，政府无权增加在企业中的权益或向公司提供资金，无权减少国家持股 50% 及以上的企业的股权。公司经营目标的重大变动需得到议会授权。对于雇员多于 50 人的国有企业，议员有权参加股东年会并在会上提问。国有企业的总的目标是创造价值，在此基础上还要完成政府所分配的公共政策任务。分红等与企业持续管理有关的事项无须议会批准。

政府在企业与创新部设置了创新与国有企业局，专门负责为所有的国有企业制定统一的国家所有权政策以及对不同政府部门在国有企业治理方面的工作进行协调。其他国家所有权由国有企业所属的部委负责实施。目前，41 家企业归企业与创新部管理，另外 8 家企业归文化部、教育与研究部、外交部、财政部、卫生与社会事务部管理。

企业与创新部所属创新与国有企业局的具体职责包括：①设定国有企

业的财务目标，并定期审查。②为承担公共政策任务的国有企业设定公共政策目标，并定期审查该目标完成的程度。③与财务目标和公共政策目标相联系的可持续性分析，目的是识别与气候变化、性别平等、人权和劳动者权利等有关的可持续商业实践中的机会与风险。该局设立了一个专门的国有企业管理机构，由两个分支部门组成。一个是国有企业部，负责选聘公司董事会中的投资董事，与公司进行联系以及投资者关系的维护；另一个是公司治理与分析部，负责公司分析、可持续性商务、商法、董事会招聘和核心的公司治理文件，包括制定国家所有权政策、制定企业的财务目标和公共政策目标，并监督这些目标的实现情况等。专门的国有企业管理机构内部有很多投资小组，由上述两个分支部门的人员组成。每一个投资小组负责一个国有企业的所有的所有权事项。每一个投资小组一般包括一个投资主管、一个投资经理、一个法律顾问、一个招聘专员、一个联系员和一个可持续性商务专员。投资小组对国有企业的运营情况、市场情况、竞争者和可持续性商务实践进行分析，以积极行使国家所有权并促进国家股权增值。

财政部、文化部、卫生与社会事务部、教育与研究部和外交部等其他部委也管理一小部分国有企业。这些部委的部长及其政治顾问与国有企业的董事长和管理层定期召开所有权会议，对公司的财务目标、政策目标和可持续性经营情况进行审查。所有权会议由负责该企业的投资小组准备。对于公司的一些特别重大的决定，董事会需与政府管理部门进行沟通和协调。

在国家为单一股东或控股股东的公司，国家所有权政策能够得到全部执行。在国家参股的公司，创新与国有企业局中的国有企业专门管理机构通过与其他股东进行协商以确保国家所有权政策得到实施。投资小组的法律顾问负责保证投资小组对企业的投资管理符合国家所有权政策的要求，并对企业经营中的各种项目提供商法方面的咨询。招聘专员负责对企业董事会的人员组成进行评估，基于公司运营的情况和面临的挑战对董事会的绩效进行分析，并招募新的董事。投资主管一般作为国有股东的代表担任几家国有企业的董事。除履行公司董事的职责外，投资主管还增加了投资小组对这些公司的认识。对于上市的国有企业，国有股东代表仅担任提名委员会委员，而不是董事。对董事的提名需得到主管部长的批准，由股东大会表决通过。

根据《公司法》的规定，公司董事会负责组织管理公司事务，包括制定公司的总体战略，做出公司重大战略决定，聘任 CEO，指导 CEO 对公司的管理等。

瑞典国有企业与政府的关系如图 3-5 所示。

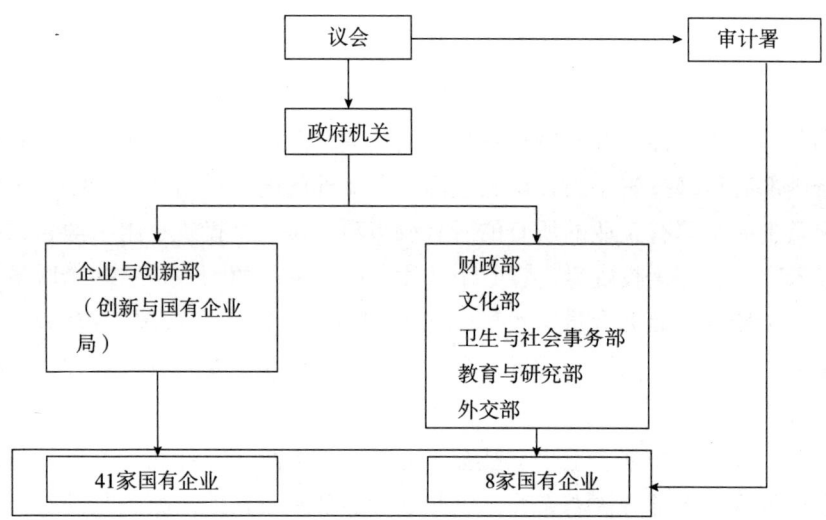

图 3-5 瑞典国有企业与政府的关系

资料来源：笔者绘制。

2. 瑞典国有企业的审计监督制度

（1）国家审计。《国家活动审计法》规定，审计署有权对与国有企业有关的国家活动进行审计。审计署的审计应重点关注与中央政府预算和国家活动的实施以及结果相关的环境，尤其是绩效审计。绩效审计重点关注财务管理、资源使用、目标的实现程度以及公共利益。作为绩效审计的一部分，可以提出关于改进措施的建议。绩效审计报告应提交给议会。审计署可任命审计人参与国家持有 50% 以上股份的国有企业的年度法定审计。审计报告应提交给政府。审计署可以与被审计企业的内部审计人员合作。

（2）社会审计。《公司法》规定，公司实行法定审计人制度。审计人的责任是审计公司的年度报告和账目以及董事包括兼任高管的董事的管理行为。对于集团公司，审计人应审计集团的账目以及集团内不同公司之间的关系。《瑞典公司治理准则》规定①，除非公司的审计人被要求实施更详尽的检查，否则审计人年度审计的最低要求是检查公司治理报告是否出具并与公司年报的内容一致。董事会每年应向年度股东大会提交年度报告和审计报告。

审计人由公司提名委员会提名，审计人的报酬由提名委员会拟定。审计人的任命及其报酬应由股东大会表决通过。提名委员会是专门负责董事和审计人提名的机构，仅向股东负责。股东大会决定任命提名委员会委员的程序并拥有任命提名委员会委员的权利。提名委员会至少由三名委员组成。其委员应独立于公司及其管理层。至少有一名委员独立于拥有公司最大表决权股份的股东或公司治理的一致行为人股东。公司董事可以兼任提名委员会委员，但不能占多数，也不能担任提名委员会的主席。如果有一个以上的董事担任提名委员会委员，只能有一个董事委员对公司的主要股东存在依赖关系。在召开年度股东大会的六个月之前，公司应在公司网站上公开提名委员会委员的名单及其提名股东的名单。提名委员会的委员离职或任命新委员应公开。公司还应在公司网站上公开股东向提名委员会提交建议的方式。法定审计人的任命和审计费用由股东大会表决决定。

公司的审计人有权就某一具体事项要求董事会召开特别股东会。每年董事会应至少与公司的法定审计人单独召开一次会议，公司的管理层不能在场。董事会应确保半年报和第三季度的季报经由法定审计人审查。审计署可以任命一名或数名审计人与其他审计人一同参与审计。审计署对公司购买审计服务的过程，包括购买标准、审计人的选择以及审计质量的评估进行监督。

（3）内部审计。内部审计为非法定审计，但《瑞典公司治理准则》规定，没有实行内部审计的公司，其董事会应每年在公司治理报告中的内部控制报告部分对实行内部审计的必要性进行评估，并对其不实行内部审计的决定做出解释。

---

① The Swedish Corporate Governance Board, "The Swedish Corporate Governance Code", http://www.corporategovernanceboard.se/media/69763/svenskkodbolagsstyrn_eng_2015_151124.pdf, 2015-11-01.

瑞典国有企业的审计监督制度如表 3-5 所示。

表 3-5 瑞典国有企业的审计监督制度

国有企业的类型	法律依据	审计类型	审计内容
国有公司	《瑞典国家所有权政策》《瑞典公司法》《瑞典国家活动审计法》	国家审计	对政府当局与国有企业有关的活动进行绩效审计；可任命审计人参与国家持股50%以上的国有企业的法定审计人所实施的年度财务审计；审计署对公司年度审计过程进行监督
		社会审计	法定审计；年报审计、账目审计和管理活动审计
		内部审计	非法定审计；实行"遵守或解释"原则

资料来源：笔者整理。

专栏 3-3　瑞典国有企业的监督制度

1. 议会监督

议会负责审查政府提交的国有企业管理年报、审计署提交的国有企业审计报告和其他相关的报告。政府对国有企业的一些重大政策需要议会的批准。议会设行政监察公署，其行政监察专员负责对公务员和政府机关等的行政行为进行监督。议员有权参加国家持股50%以上的国有企业的股东大会，并在会上提问。

2. 审计监督

所有国有企业均需任命法定审计人，实行年度审计。审计署可任命审计人参与国家持股50%以上的国有企业的年度审计。审计署对公司年度审计过程进行监督。企业可根据自身情况选择是否实行内部审计。

3. 公众监督

国有企业应与上市公司执行同样的信息披露标准。披露的文件包括年度报告、中期报告、公司治理报告、内部控制报告和社会责任报告等。政府每年向议会提交的国有企业管理年报、国家审计署与国有企业相关的审计报告等均需按照法规的要求予以公开。此外,政府每年要公开出版两份关于国有企业财务绩效的中期报告。公众可以参加国有企业的年度股东大会并向管理层提问。

4. 一般和特别检查

《瑞典公司法》规定,公司股东会可以任命一般检查人,负责检查公司运作是否有利,以及从财务方面来看是否令人满意,公司的内部控制是否充分。在不违背法律、公司章程和惯例的条件下,一般检查人应遵循股东会的任何指示。每财年结束后,一般检查人应向董事会提交检查报告,董事会应将该报告的内容告知股东并提交给年度股东大会。国家对企业具有控制性影响力的,该报告应公开置于公司办公室,供公众查阅。股东可以向股东大会建议对过去某段时间公司的管理和账目或者公司内部的某些特定情况进行特别检查。如果有1/10的股东或者代表参会的1/3以上股权的股东支持该项建议,一名股东可以请求县管理委员会任命特别检查人。在该任命前,公司董事会可向县管理委员会提交其相关的意见。特别检查报告应提交给董事会并呈交给股东和股东大会。

资料来源:《瑞典国家所有权政策2015》《瑞典国有企业年报2014》《瑞典公司法》《瑞典议会法》《瑞典国家组织法》。

四、澳大利亚的制度实践

1. 澳大利亚联邦国有企业概况

澳大利亚的国有企业分属联邦政府、州政府和其他地方政府三级所有。本节的研究对象仅为联邦所属的国有企业。《公共治理、绩效与责任法》将联邦国有企业分为公司性质的联邦实体和联邦公司两大类。其中,公司性质的联邦实体指的是依据联邦专门法设立的独立法人。联邦公司指的是依据公司法设立的联邦控制的公司。目前,联邦政府共有70家公司性质的联邦实体和17家联邦公司。其中,8家为政府商业企业(政府商业企业概况见表3-6)。① 联邦国有企业主要分布在公共管理和服务以及交通、通信和能源等公共基础设施领域。

表3-6 澳大利亚政府商业企业概况

公司名称	经营目标	股权结构	适用法律	是否接受政府资金	股权部长
澳大利亚邮政公司	在国内和澳大利亚与其他国家（地区）之间提供邮政服务；在国外从事任何与邮政相关的商业活动	国有独资	《澳大利亚邮政公司法》《公共治理、绩效与责任法》	否	财政部长、通信部长
澳大利亚国防住宅公司	为军人及其家属提供住宅及相关服务	国有独资	《公共服务法》《澳大利亚国防住宅公司法》《公共治理、绩效与责任法》	否	财政部长、国防部长
澳大利亚铁路轨道有限公司	为州际铁路运输以及猎人谷地区的铁路运输提供轨道服务	国有独资	《公司法》《公共治理、绩效与责任法》	是	财政部长、基础设施与地区发展部长
ASC有限公司	负责澳大利亚的海军设施建造	国有独资	《公司法》《公共治理、绩效与责任法》	是	财政部长
穆尔班克联合运输公司	负责监督穆尔班克运输站的发展和运营；运输站建设完成并投入运营后，将根据市场条件完全私有化	国有独资	《公司法》《公共治理、绩效与责任法》	是	财政部长、基础设施与地区发展部长

---

① Governance Structures in the Public Sector, 澳大利亚财政部网站, https：//www.finance.gov.au/resource-management/governance/overview/，2017年8月20日。

续表

公司名称	经营目标	股权结构	适用法律	是否接受政府资金	股权部长
NBN有限公司	负责澳大利亚宽带网络的设计、建设和运营	国有独资	《公司法》《公共治理、绩效与责任法》	是	财政部长、通信部长
澳大利亚航空服务公司	在国内提供航空服务，包括航空交通的控制、航空救援和国内机场的消防	国有独资	《公司法》《航空服务法》《公共治理、绩效与责任法》	否	基础设施与运输部长
澳大利亚斯诺水力发电公司	水力发电，为水电批发商提供风险管理产品、能源运输	新南威尔士州政府58%；维多利亚州政府29%；联邦政府13%	《公司法》《斯诺水力发电公司法》《公共治理、绩效与责任法》	否	财政部长

资料来源：根据各公司网站、年报及相关法律文件整理。

政府和议会对国有企业及其下属子公司进行管理。

议会拥有联邦国有企业的国家所有权，并将部分权利授予股权部长（包括财政部长和主管部长）。议会的主要职责是负责制定相关的法律并监督法律的执行情况，审查股权部长依照法律向议会提交的各种报告，并对股权部长及相关人员进行质询。

股权部长一般包括财政部长和主管部长。其中，财政部长的职责主要包括以下几个方面的内容：①审查联邦商业企业的公司计划、年报及其他报告，并对公司计划的修改予以指导；②管理议会向国有企业的拨款事宜；③对法律法规没有专门规定的，超过法定限额的公司性质的联邦实体的投资进行审批；④为国有企业及其全资下属机构的其他外部借款提供担保，并书面决定借款和利息的偿还；⑤审查、指导并批准公司性质的联邦实体的董事会关于分红的建议；⑥在负责某项政府政策的部长与公司性质的联邦实体或独资的联邦公司的董事会就该项政策的适用性进行了协商之后，财政部长可以向这些联邦商业企业签发政府政策令，要求其实施该项政府政策。主管部长的主要职责包括：①审查联邦商业企业的公司计划、年报及其他报告，并对公司计划的修改予以指导，向议会提交相关报告；②依据相关法律，批准国有企业所提供的产品和服务的价格；③为了公众利益，在与董事会协商之后向董事会提供关于实现公司功能的书面指导。此外，股权部长及法律规定的其他部长有权提名联邦商业企业的董事，董事的提名经政府内阁会议讨论后由股权部长任命。在一定条件下，股权部长可以终止董事的任命。

联邦国有企业设董事会。董事会一般由5~9人组成，任期三年，期满可以连任。除一名执行董事之外，其余董事均为外部董事。除非在特殊情况下（如公司倒闭清算时），政府部门的官员不能担任公司董事。董事会对公司经营绩效向股东负最终的责任，其具体职责包括制定公司战略和企业的日常管理政策，并确保公司经营管理符合法律法规的规定等。

澳大利亚联邦国有企业与政府的关系如图3-6所示。

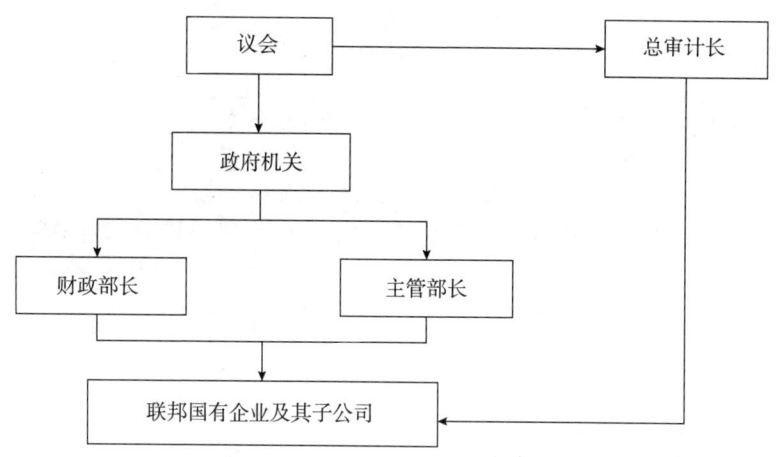

图3-6 澳大利亚联邦国有企业与政府的关系
资料来源：笔者绘制。

2. 澳大利亚联邦国有企业的审计监督制度

澳大利亚的审计长对联邦国有企业拥有全面审计的权利。联邦公司可依据公司法聘请社会审计机构实施年度财务报告审计，但不能代替国家审计。内部审计为非法定审计，但实践中国有企业均实行了内部审计。澳大利亚对公司性质的联邦实体和联邦公司实行不同的审计监督制度。

（1）公司性质的联邦实体的审计监督制度。

1）国家审计。审计长隶属于议会。公共治理、绩效与责任法规定，审计长应对公司性质的联邦实体及其子公司的年度财务报告进行审计，除非该子公司是在外国设立的，并且当地法律不允许由澳大利亚审计长担任审计人，或者审计长认为对其进行审计是不可行的或者不合理的。年度财务报告审计的目标是评价年度财务报表的合法性和公允性。一些公司的专门法规定，审计长应对该公司的年度绩效报告进行审计（如澳大利亚邮政有限公司）。公共治理、绩效与责任法规定，股权部长可要求审计长对年度绩效报告进行审计。年度绩效报告审计的目标是评价过去一个财务年度中，企业的经营是否达到了公司计划中事先规定的绩效标准。绩效报告的审计报告应提交给股权部长，并由其与企业年度业绩报告一起递交给议会。总审计长法规定，议会下属的公共账目和审计联合委员会或股权部长可要求审计长对公司性质的联邦实体及其子公司进行绩效审计。审计长也可要求议会下属的公共账目和审计联合委员会或股权部长提出相应的审计请求。绩效审计的目标是评价企业管理活动的经济性、效率和效果以及合规的情况，并提出改进的建议。针对绩效报告审计和绩效审计中发现的问题，公司性质的联邦实体应向股权部长提交一份服务改进计划，并由股权部长提交给议会。法律规定，审计署办公室可以聘请社会审计机构具体实施对国有企业的财务审计和绩效审计。国有企业设立审计委员会，对公司审计师的独立性和审计质量进行监督。公司审计委员会的历次会议文件应提交给审计长。年度股东大会也应邀请审计长参加。

2）内部审计。内部审计为非法定审计，但公共治理、绩效与责任法规定，公司性质的联邦实体的董事会应对公司的内部控制系统负责。实践中各公司性质的联邦实体均实行了内部审计。法律规定国有企业必须设立审计委员会。审计委员会应全部由非执行董事组成，且多数委员为独立董事。董事会主席不能担任审计委员会委员。审计委员会负责审批内部审计年度计划并对内部审计的过程进行监督。

(2) 联邦公司的审计监督制度。

1) 国家审计。联邦公司与公司性质的联邦实体在年度财务报告审计和绩效审计方面的规则相同。所不同的是，联邦公司没有年度绩效报告，因此不需要对年度绩效报告进行审计，仅针对联邦独资的联邦公司及其子公司进行绩效审计。

2) 社会审计。公共治理、绩效与责任法规定，联邦公司可以依据公司法聘请社会审计机构对其年度财务报告进行审计，但同时还应向负责的股权部长提交一份审计长对财务报告的审计报告。两份审计报告均应遵守公司法所设立的相关规则。审计委员会对社会审计机构的独立性和审计质量进行监督。

3) 内部审计。内部审计为非法定审计，但实践中各联邦公司均实行了内部审计。联邦公司也应设立审计委员会，负责对内部审计的监督。一些企业（如澳大利亚铁路轨道公司）将内部审计外包给社会审计机构实施，并聘请独立的外部审计师对内部审计进行审查。

表 3-7　澳大利亚联邦国有企业的审计监督制度

国有企业的类型	法律依据	审计类型	审计内容
公司性质的联邦实体及其子公司	《公共治理、绩效与责任法》《总审计长法》，专门法	国家审计	年度财务报告审计、年度绩效报告审计（专门法规定时或股权部长要求时）和绩效审计（公共账目和审计联合委员会或股权部长要求时）
		内部审计	非法定审计，实践中均实行了内部审计
联邦公司及其子公司	《公共治理、绩效与责任法》《总审计长法》，公司法	国家审计	年度财务报告审计和绩效审计（公共账目和审计联合委员会或股权部长要求时）
		社会审计	可依据公司法聘请社会审计机构进行年度财务报告审计；但审计长仍需出具年度财务审计报告
		内部审计	非法定审计；实践中均实行了内部审计

资料来源：笔者整理。

> **专栏 3-4** 澳大利亚国有企业的监督制度

1. 议会的监督

议会主要是通过颁布相应的法律法规来规范国有企业的行为,并对其进行执法监督。议会通过审计与财会委员会、评估委员会等专门委员会对股权部长提交的关于国有企业的各种报告进行审查。必要时可对股权部长、董事会和审计长等提出质询。

2. 股权部长的监督

股权部长负责设定公司的目标和绩效评价标准。通过严密的报告制度,股权部长可以及时获得关于公司运营情况的报告和任何与实现公司目标和股东价值增值有关事项的报告,从而对公司经营是否偏离既定的目标进行监督。

3. 社会监督

根据《公共利益披露法》和《自由信息法》的规定,国有企业必须在公司网站上披露公司年报、关于公司目标的声明、公司年度计划等文件。任何个人可以书面申请获得公司的文件。

4. 审计监督

审计长对所有国有企业的年度财务报告进行审计。在审计长认为必要时或在股权部长要求时,审计长也可以随时对国有企业进行绩效审计。公司实行内部审计。

资料来源:根据澳大利亚相关法律法规整理。

第三节
外国国有企业审计监督制度的主要经验

综合而言,外国国有企业审计监督制度的经验主要包括以下几点:

一、以法律为依据，实行依法审计

各国的国有企业审计监督制度都是建立在法制的基础之上的。相关法律一般包括宪法、公司法、专门法和审计法等。从国家审计方面来看，各国一般都在宪法中对国家审计的基本原则和主要事项予以规定，同时制定专门的审计法，审计机关制定相应的实施细则，对国家审计的组织、管理和实施等予以规范。例如，韩国《宪法》规定，监察院的组织、职责，监察委员的任职资格和监察公务员的范围以及其他必要事项应以法律的形式予以规定。从社会审计方面来看，一般都在公司法和证券法中予以规定。内部审计一般不属于法定审计，因此并不在法律中强制性规定，国有企业可根据本公司的实际情况进行选择。一些国家（如瑞典）在公司治理准则中对内部审计做出了规定，并建立了"遵守或解释"原则。这一自我约束机制是对法律约束机制的有效补充。

二、对国有企业审计监督制度做出分类安排

各国对国有企业实行分类管理，体现在审计监督制度上，就是对不同类的国有企业做出了分类安排。对于依据专门法和公法设立的国有独资企业与依据公司法设立的国有独资和控股公司，一般由国家审计机关进行全面审计，审计内容包括财务报告审计、绩效审计和项目审计等。社会审计仅作为国家审计的补充。当国家审计机关放弃对这些企业的审计权时，才由社会审计机构对企业进行审计，但国家审计机关拥有对社会审计的监督权。国家审计机关将对该类企业的审计权让渡给社会审计机构有两种实现形式：一是国家审计机关独自拥有对这类企业的审计权，社会审计不能替代国家审计机关的审计，但是国家审计机关可以将审计业务外包给社会审计机构。二是法律规定社会审计为法定审计，负责这些企业的财务审计，但国家审计机关保留对这些企业的绩效审计权，两者之间存在明确的分工。国家审计机关可以通过选派人员参与财务审计以及对社会审计进行再审计等方式对社会审计实行监督，具体选择哪种实现形式取决于社会审计发展的成熟度以及国家审计机关的管理能力。

从内部审计方面来看，有两类制度安排：一是内部审计是法定审计，在审计内容方面与国家审计一脉相承。这种方式可以充分实现内部审计与国家审计的有机结合，进一步增强国家审计的实施效果。二是内部审计是非法定审计，但实践中国有企业均主动实施了内部审计。内部审计的内容由企业根据自身情况决定。第一种方式比较侧重内部审计的监督职能，而第二种方式则更加侧重内部审计的管理职能。此外，无论在何种方式下，法律一般都规定内部审计和外部审计（包括国家审计和社会审计）之间应建立适当的沟通和合作机制，以促进内外部审计形成协同效应。

对于不同层级的政府合资的企业以及国家没有控制权的参股企业，一般不实行国家审计，与私营企业相同，实行社会审计为法定审计的年度财务审计，内部审计一般也为非法定审计。

三、对政府部门的审计与对国有企业的审计并重

国有企业是国家具有控制力的企业，政府部门对国有企业在经营和管理规则的制定以及人事任免、重大事项的决策方面均具有一定的决定权或重大的影响力。因此，在加强对国有企业的审计监督的同时，还应加强对相关政府部门的审计监督。随着新公共管理运动的兴起，公共部门审计成为审计领域的热点问题。目前，在INTOSAI、世界银行、OECD等国际组织的带领下，国际社会在公共部门审计的一般规则方面已经取得了一些有意义的成果。加强政府部门审计已经成为各国推动国家治理建设的重要措施之一。一些国家，如英国、美国和瑞典等，在国有企业的私有化审计以及对国家所有权部门的审计方面均已形成了较为成熟的制度体系。

四、从人员、经费等方面保证国家审计的独立性

国家审计是国有企业最主要的审计监督制度。独立性是影响国家审计质量的重要因素。各国均采取了相应的措施，以保证国家审计在人员、经费和业务方面的独立性。例如，印度《宪法》规定，主计审计长

由总统任命，其免职必须符合法定的条件和程序。薪俸、其他福利待遇、退休年龄和退休金等均由国会以法律规定。卸任后，不能在联邦政府和各邦政府中任职。主计审计长公署的行政经费，包括所有在职人员的薪俸、津贴和退休金，均由印度统一基金拨付。日本《会计检查院审计法》规定，检查官人选应经国会两院同意后由内阁任命。检查官任期为七年，可连任一次。检查官不能任意罢免。检查官不能在其他政府部门和地方公共实体中任职，也不能成为国会或地方议会的议员。韩国《监察院法》规定，监察委员由监察院长提名，由总统任命。监察委员的薪俸与行政部门的副部长相同。监察院长的薪俸高于国务委员，低于总理，具体金额由总统令决定。除非被宣告弹劾、被判决监禁以上的刑罚或因健康问题丧失长期履职能力，否则监察委员不能被免职。监察委员不能兼任议员、被监察机构的职员和任何其他支薪的职位，不允许加入政党或参与政治活动。对于关联事项的讨论，监察委员应予以回避。澳大利亚《总审计长法》规定，审计长是议会的一个独立官员，其职能、权力、职权、罢免和责任等由相关的法律规定。审计长在履行职责的过程中应保持自己的谨慎与独立。在实施审计的过程中不受任何人的干涉。审计费用由审计长决定，由被审计单位支付。审计长应在年报中对审计费用的确定方法加以说明。《公共治理、绩效与责任法》规定，财政部长必须发布拨款权，保证议会拨付给审计署充足的资金。除非审计长同意，否则财政部长不能变更拨款协议。英国对国家审计署实行独立的预算管理，《国家审计法》规定，主计审计长编制国家审计署的年度预算，并提交给下议院公共账目委员会审查，然后提交给下议院表决。公共账目委员会负责对国家审计署拨款。

五、建立审计的质量控制和再监督机制

根据审计制度的委托代理关系模型，审计主体本身也存在代理问题。因此，需通过监督审计主体的审计行为来控制审计质量，从而降低审计的代理成本。在实践中，各国均建立了相应的质量控制和再监督机制。例如，澳大利亚《总审计长法》规定独立审计人应对审计署实施年度财务报表审计，并在任何时候实施绩效审计项目。加拿大《审计长法》规定，

众议院财政委员会指派一名合格的审计人对审计长公署的收支进行检查。除再审计和检查机制之外,各国还建立了严格的国有企业审计信息披露制度,增强了公众对国有企业审计的监督作用。

第四节
小结:对中国的启示

本章的研究表明,审计监督制度是国有企业重要的监督制度之一。世界主要国家都将审计作为对国有企业实施监督和加强国有企业管理的重要制度安排。审计监督制度安排的具体模式取决于国家对企业的控制力以及政府管理部门与国有企业之间的管理距离。是否实行国家审计与国家对国有企业的控制权有关,无论社会审计和内部审计是否为法定审计,各国的国有企业[①]均以国家审计为主。社会审计与内部审计的地位和作用主要与国家和国有企业之间的管理距离有关。多数国家的国有企业属于生产公共产品的公共企业,国家一般都对其经营实行比较严格的管理。对该类国有企业,社会审计和内部审计是国家审计的补充,其目标是协助国家审计完成对国有企业的审计监督。对于商业化经营程度比较高的国有企业(如新加坡的投资控股公司和政联公司),国家不干预企业的经营,社会审计和内部审计独立于国家审计,其具体的制度安排与一般私营企业趋同。审计主体的独立性是影响国有企业审计监督制度有效性的最重要的因素。其中,国家审计机关的独立性更是宪法和法律保护的重点。为了保障审计的执行效率,制定相关的法律以及设立质量控制和再监督机制尤为重要。

虽然中国的国有企业在管理体制、政企关系、经营方式等方面与国外的国有企业(或公共企业)存在一定的差异,但以上关于外国国有企业审计监督制度的一般经验对于中国仍然具有借鉴意义。

---

① 国有企业指的是国家拥有控制权的企业,一般指国有独资或控股的企业。

第四章
中国国有企业审计监督制度的实践

在探究了外国国有企业审计监督制度的一般经验和一般规律之后，本章将研究的焦点转向中国。本章的研究目标是在中国这一特定制度场域下，分别从纵向和横向两个维度分析国有企业监督制度发展的特殊规律，揭示出其存在的问题，并试图找出这些问题背后的原因，以为中国国有企业审计监督制度的未来完善提供一些指引。本章的第一节研究了中国国有企业审计监督制度的历史，并总结了制度演化的基本特征和规律。第二节对中国国有企业审计监督制度的现状进行了分析，着重关注制度要素的主要内容及其主要特征。第三节分析了中国国有企业审计监督制度存在的主要问题。第四节对中国国有企业审计监督制度所存在的问题的实质即问题的症结和出路进行了讨论。

第一节
中国国有企业审计监督制度的历史

本节将我国改革开放至今的国有企业审计监督制度的发展以国务院国

资委的成立为界分为两个历史阶段，分别对其历史发展的脉络进行梳理。

一、改革开放后到国资委成立前

1949~1982年，我国并未形成独立的审计监督制度，对国有企业的财务收支审计主要是结合政府财政财务管理工作进行的。随着改革开放的展开，国家对国有企业采取了一系列的改革措施。但是由于我国的经济管理体制和经济运行中的深层次矛盾还没有完全解决，部分企业的自我约束机制不健全，存在企业经济效益不高、违反财经法规的现象比较普遍等问题，客观上需要加强对企业的监督。正是出于这种考虑，我国独立的国有企业审计监督制度开始逐步得以建立。

1. 财务收支审计

中国共产党在1949年以前的革命根据地时期就设立了审计机构，颁布了审计法律和法规，开展了审计工作。1949年后，由于学习苏联的经济监察制度，独立的审计机构被撤销，其职能和人员被并入财政监察（检查）部门。1980年，全国会计工作会议建议在人大常委会设置审计局。1981年，财政部向全国人大常委会提出《关于设立全国审计机构的建议》。1982年，我国新宪法颁布。其中，第九十一条规定，国务院设立审计机关，对国务院各部门和地方各级政府的财政收支，对国家的财政金融机构和企业事业组织的财务收支，进行审计监督。审计机关在国务院总理领导下，依照法律规定独立行使审计监督权，不受其他行政机关、社会团体和个人的干涉。第一百零九条规定，县级以上的地方各级人民政府设立审计机关。地方各级审计机关依照法律规定独立行使审计监督权，对本级人民政府和上一级审计机关负责。1983年，审计署正式成立后，开展了大量的试审工作。为了弥补审计机关审计力量的不足，各地审计机关先后成立了一些会计（审计）咨询机构。1985年7月，中央书记处、国务院听取了审计署党组整党工作情况汇报后指出，可以试建社会审计组织。同年8月，国务院发布《关于审计工作的暂行规定》，规定"审计机关可以委托经政府有关部门批准、注册的社会审计、会计组织进行审计"。① 在

---

① 《国务院关于审计工作的暂行规定》，1985-08-29，第十条、第十一条。

这一段时间，国家审计机关以查处违反财经纪律的问题为重点，对一批重点企业和重点行业进行了审计。

1989年9月，审计署发布了《关于对中央部门及其直属企事业单位和地方政府财政收支实行经常性审计监督的通知》，决定对中央直属国营企业分批实行经常性审计监督，每年至少审计一次，连续审计几年；对暂时未实行经常性审计的单位实行轮审，争取三至五年轮审一遍。审计署和各级地方审计机关相继确定了一批在国民经济中影响大的企业，作为经常审计的对象。实行经常性审计有利于审计机关了解和掌握企业情况，及时发现和反馈存在的问题，对于有效遏制财务收支中的违法违纪现象、促进企业改善经营管理起到了一定的作用。通过这一阶段的审计，一方面，严肃查处了违反财经法纪和侵占国家利益的问题，取得了较好的效果；另一方面，迅速发现了行业内在经济运行中存在的问题，为宏观决策提供了依据。

随着企业改革的深入发展，在财务收支审计的基础上，检查企业的内部管理和效益，逐步探索企业经济效益审计，促进国有大中型企业增强活力，成为企业审计面临的主要问题。为进一步深化企业审计，1991年12月召开的全国审计工作会议要求审计机关对实行经常性审计的国营大中型企业在财务收支审计的基础上，逐步向检查有关内部管理制度和经济效益方面延伸，找出管理中的薄弱环节，提出改进建议。开展"两个延伸"，对于促进企业改善和加强内部管理、提高经营管理水平、促进企业经营环境的改善发挥了重要作用。为配合《全民所有制工业企业转换经营机制条例》的实施，1993年4月，审计署、原国家体改委和原国家经贸委联合发布了《全民所有制工业企业转换经营机制审计监督规定》。同年7月，审计署又发布了《关于社会审计组织办理国有企业审计查证若干问题的通知》。上述文件规定审计机关应通过审计监督维护企业经营自主权。同时规定，审计机关仅对占有、使用国有资产数额较多的企业，亏损较多和接受国家财政补贴较多的企业，本级政府要求审计和审计机关决定审计的企业这三类企业进行直接审计。其他国有企业由审计机关委托社会审计组织进行审计查证，审计机关在必要时进行抽审。具体负责审计的社会审计组织由企业选定后向审计机关报告。逐步减少对国有企业的直接审计，适应了建立社会主义市场经济体制和企业转换经营机制的需要，是把审计工作重点转到为宏观管理服务上来的一项重要举措。此后，审计机关进一步改进了审计办法，把审计重点放在了保证国有资产的安全性、有效性上，开展了企业资产、负债和损益真实性审计。通过审计，查出了不少资产、负债和损益不实及国有资产流失的问题，提出了解决的建议，对企业转换经营机制起到了促进作用。① 1996年12月和1999年1月，审计署先后发布《审计机关对国有工业企业财务审计实施办法》和《国有企业财务审计准则（试行）》，就审计机关对国有企业的财务审计做出了进一步的规范。2002年3月，审计署印发《审计署审计结果公告试行办法》，规定对中央预算执行情况和其他财政收支的审计结果，政府部门或者国有企业事业组织财政收支、财务收支的单项审计结果，有关行业或者专项资金的综合审计结果，有关经济责任审计结果等实行公告制度。

2. 经济责任审计

随着国有企业改革的发展，全民所有制工业企业实行了政企分开和厂长负责制。企业财产所有权和经营管理权实现了分离。国家需要对企业的经济绩效、社会绩效以及厂长经理的业绩和能力进行考核。至1985年底，全国有12个省市在不同范围内实行了厂长经理离任审计公证。1986年，厂长（经理）离任审计在全国推广试行。1986年9月，中共中央、国务院发布的《全民所有制工业企业厂长工作条例》规定："厂长离任前，企业主管机关（或会同干部管理机关）可以提请审计机关对厂长进行经济责任审计评议。"② 同年12月，审计署发布《关于开展厂长离任经济责任审计工作几个问题的通知》，规定厂长离任经济责任审计的内容"主要是厂长任期内企业的财务收支是否合规合法，盈亏是否真实，经济效益是否达到任期目标，国家资财有无损失浪费等"；厂长离任经济责任审计由审计机关负责组织实施，"审计机关可根据实际情况委托企业主管部门的内审机构负责审计"，"必要时审计机关可进行抽查或复审"。这一阶段的审计主要是为了配合经济体制改革，贯彻、完善放权让利和党委领导下的厂长负责制，在维护国家财产安全和完整，确定或解脱厂长经理的经济责任，以及澄清是非、奖优罚劣方面起到了重要作用。

---

① 李金华：《中国审计史》（第三卷）上册，中国时代经济出版社2005年版，第144-152页。

② 《全民所有制工业企业厂长工作条例》，1986-09-15，第十条。

党的十二届三中全会后，承包经营责任制在全民所有制大中型企业中全面推开。为了维护承包经营责任制的健康发展，国家对国有企业经济责任审计制度进行了调整。1988年2月，国务院颁布《全民所有制工业企业承包经营责任制暂行条例》，规定由国家审计机关及其委托的其他审计组织对合同双方及企业经营者进行审计。同年7月，审计署发布《关于全民所有制工业企业承包经营责任审计的若干规定》，规定承包经营责任审计的主要内容包括：资产、债权债务、盈亏是否真实；承包经营目标的实现情况及企业经营者的经济责任；国家资产的维护和增值；专项基金的提取和使用是否合规有效；有无严重违反财经纪律和重大损失浪费；有无损害企业合法权益的行为；本级政府交办的有关承包经营的其他审计事项。① 同年11月，国务院颁布《中华人民共和国审计条例》，规定全民所有制企业承包经营责任的有关审计事项是审计机关的一项具体职责。审计机关可以将其审计范围内的事项委托内部审计机构、社会审计组织进行审计。② 这一阶段的主要特点是：一是审计对象出现了多元化。不仅包括承包方、企业经营者，还包括发包方。二是审计内容综合化。不仅包括财务、法纪、效益和合同等，还包括事前、事中和事后审计。三是审计在不同的承包期之间具有连续性。整个承包期的审计包括合同签订前审计、合同执行审计和合同终结审计三个阶段。前一个承包期的终结审计为下一个承包期的审计提供了前提。承包经营责任审计在实践中迅速展开。一些地方对预算内承包经营企业的审计覆盖面达到了90%以上，有的地区甚至达到了100%。审计工作及时发现了承包经营责任制中存在的企业承包上缴利润指标偏低、承包经营者行为短期化以及企业分配不公等重要问题，为承包经营责任制的顺利实施起到了重要作用。

1992年以后，随着现代企业制度在国有企业中的逐步确立，公有制出现了多种表现形式，导致审计监督的对象和内容等出现了多样化。另外，领导干部的经济责任越来越突出，出现的问题中涉及经济方面的也相应增多。考察领导干部的经济责任，成为加强干部监督管理、促进领导干部廉洁勤政必不可少的重要方面。1995年前后，全国有不少地方试行了领导干部离任经济责任审计制度，把领导干部任期经济责任审计作为考核

---

① 《关于全民所有制工业企业承包经营责任审计的若干规定》，1988-07-01，第五条。
② 《中华人民共和国审计条例》，1988-11-13，第十二条、第十三条、第十四条。

领导干部政绩、兑现奖惩、选拔任用的必要程序，纳入干部监督管理工作，取得了显著成效，引起了中央领导的重视。1997 年，党的十五大提出加强对领导干部监督，建立健全依法行使权力制约机制。1998 年 2 月，中纪委、中组部、监察部、人事部和审计署五部委联合发布《关于发布〈关于菏泽地区实行领导干部离任审计制度的调查报告〉的通知》，提出各地可先在国有企业以及其他单位的主要负责人中试行领导干部离任经济责任审计，由纪检监察机关、组织人事部门和审计机关负责组织实施。这一阶段实施的领导干部离任经济责任审计的主要特点是：将原有的经济责任审计与加强党政干部管理和监督结合起来；经济责任审计的功能从经济体制改革的配套措施逐步扩展为完善干部监督管理机制的重要补充。

  随着改革开放的进一步发展，各种深层次问题逐渐显露。党风廉政建设和反腐斗争形势的严峻性要求进一步强化对国有企业领导人员的经济责任审计监督。1999 年 5 月，中共中央和国务院发布《国有企业及国有控股企业领导人员任期经济责任审计暂行规定》。根据该文件的规定，建立了由纪检监察部门、组织部门、人事和劳动保障部门、国有资产监督管理部门以及审计部门的联席会议制度，设置了联席会议办公室。联席会议制度的建立进一步加强了各部门之间的协调和沟通，促进了审计成果的共享。2000 年 12 月，审计署发布了《国有企业及国有控股企业领导人员任期经济责任审计暂行规定实施细则》，规定企业领导人即企业法人代表（已列入稽察特派员稽察的企业领导人员除外）任期届满，或者任期内办理调任、免职、辞职、退休等事项前，以及企业进行国有资产重组时应进行任期经济责任审计。经济责任包括直接责任和主管责任（即直接责任以外的领导和管理责任）。由企业领导人员管理机关报本级人民政府批准，由人民政府下达审计命令，由企业领导人员管理机关向审计机关出具书面委托书。审计机关可直接审计或由社会审计组织、上级内部审计机构进行审计。任期经济责任审计与正常的财务收支审计、企业内部审计和监事会监督工作相结合。审计结果作为企业领导人管理机关对被审计人管理的参考依据。2001 年 1 月，中纪委等五部委发布《关于进一步做好经济责任审计工作的意见》，要求逐步扩大国有企业及国有控股企业领导人员任期经济责任审计的覆盖面。从 2001 年开始，国有企业及国有控股企业领导人员任期经济责任审计覆盖面，一般不低于当年应审计离任领导人员的

30%。审计任务重、审计力量确有困难的地区或部门，可依照有关规定将部分审计项目委托给经过资格认定的社会审计组织审计。

3. 年度会计报表审计

早在 20 世纪 80 年代，许多地方的财政和审计部门就已经开始借助会计师（审计）事务所的力量对企业年度会计报表进行审计和审查。同时，有许多企业出于自身生产经营的需要，主动委托会计师（审计）事务所进行财务收支和会计报表审计。① 1992 年 7 月，国务院颁布的《全民所有制工业企业转换经营机制条例》规定有条件的企业，其年度财务会计报表经登记注册的会计师（审计）事务所审查后，报政府有关部门审核。② 1993 年 10 月，全国人大八届四次会议通过了《注册会计师法》，为注册会计师实施企业会计报表审计提供了法律依据。

针对会计工作中存在的违反财经纪律和会计报表作假比较突出等问题，1996 年 4 月，国务院发布《关于整顿会计工作秩序进一步提高会计工作质量的通知》，提出："加强社会会计监督，依法实行企业年度会计报表审计制度"；并"采取分步到位的办法"，"凡是没有实行年度会计报表审计制度的国有大、中型企业，必须在 1997 年年底前实行年度会计报表审计制度"；"到 2000 年，依法应当实行会计报表审计制度的所有企业，必须实行年度会计报表审计制度"。同年 4 月，财政部发布《国有工交企业年度会计报表注册会计师审计暂行办法》，会计报表注册会计师审计首先在国有工交企业中开始实行。1998 年 10 月，财政部发布《国有企业年度会计报表注册会计师审计暂行办法》，规定除个别特殊行业和企业外，国有企业年度会计报表不再实行财政审批制度，由企业自主委托符合条件的会计师事务所进行审计，由企业主管财政机关组织实施并进行抽查。注册会计师根据财政部布置的会计报表格式和有关办法，依照独立审计准则及其他执业规范，对企业实行年度会计报表审计。企业应将经审计的会计报表及注册会计师审计报告报送主管财政机关。1999 年，财政部发布《关于对社会审计机构审计中央国有企业年度会计报表质量进行抽审的实施意见》等文件，规定由主管财政部门监督机构组织开展对注册会计师审

---

① 罗进新、倪鹏翔：《浅谈国有企业年度会计报表注册会计师审计工作》，《注册会计师通讯》1998 年第 3 期。

② 《全民所有制工业企业转换经营机制条例》，1992-07-23，第三十条。

计的国有企业年度会计报表质量进行抽查。中国注册会计师协会也发出《关于积极配合完成对社会审计机构审计的国有企业年度会计报表抽审工作的通知》，要求各地方注册会计师协会积极配合主管财政部门监督机构做好抽审工作。

针对实践中出现的一些问题，2000年12月，财政部发布《关于国有企业年度会计报表注册会计师审计若干问题的通知》，对该制度的适用范围、会计师事务所的资格以及重点应关注的审计事项等做出了进一步的规定。并且规定企业集团应以直接向主管财政机关报送年度会计报表的集团公司为单位，通过公开招标的方式选择会计师事务所，统一委托会计师事务所对所属企业年度会计报表进行审计。2001年11月，财政部发布《关于国有企业年度会计报表注册会计师审计若干问题的补充通知》，对国有企业年度会计报表审计中有关备案及审计报告的管理问题做出了进一步的规定。

4. 内部审计

中华人民共和国成立初期，一些国有企业开展了内部审计工作。但是不久，由于我国开始实行监察制度，绝大多数内部审计机构被撤并，内部监察机构和财会机构分担了对内部财务收支和财经纪律监督的职责。这一时期的内部审计存在时间不长，也没有形成全国统一的内部审计制度。改革开放后，一些国营工厂自发地建立了内部审计制度，在减少经济损失、提高经济效益方面取得了明显成效。1983年7月，国务院批转了审计署《关于开展审计工作几个问题的请示》，其中专门提到关于建立单位、部门内部审计的问题，指出"我国有数十万个国营企业和大量的行政、事业单位，审计对象多，范围广，任务重。建立和健全部门、单位的内部审计，是搞好国家审计监督工作的基础。对下属单位实行集中统一领导或下属单位较多的主管部门，以及大中型企业事业组织，可根据工作需要，建立内部审计机构，或配备审计人员，实行内部审计监督。在审计业务上，要受同级审计机关的指导"。1984年3月，审计署向国务院常务会议汇报工作，再次提出国务院各部门必须建立审计机构，并获得了国务院领导的明确批示。1985年3月，全国审计工作会议强调"政府各部门必须建立审计机构，加强对本行业和所属单位的审计监督。大中型企事业单位必须建立内部审计机构，以加强内部控制，改善经营管理，提高经济效益"。

1985年8月，国务院发布《关于审计工作的暂行规定》，规定大中型企业事业组织应当建立内部审计监督制度。① 同年12月，审计署发布《关于内部审计工作的若干规定》，要求国营企业建立内部审计制度。规定企业内部审计机构受本企业主要负责人的直接领导，业务上受上级主管部门内部审计机构的指导，同时向企业主要负责人和上级主管部门内部审计机构报告工作。内部审计机构主要负责人的任免，应征得上级内部审计机构同意。

1987年7月，国务院办公厅转发了《审计署关于加强内部审计工作报告的通知》，要求进一步建立健全内部审计制度，同时明确内部审计工作当前的主要任务是围绕增产节约、增收节支和深化改革、搞活企业、提高经济效益开展工作；工作重点是"审计盈利下降和亏损的企业，分析原因，促进企业挖掘增产节约潜力；揭露和纠正铺张浪费、造成国家资财严重损失问题；制止向企业乱收费、乱摊派，保护企业的正当利益；查处弄虚作假，钻改革空子，损害国家利益等违反财经纪律问题"。1988年11月，国务院颁布《中华人民共和国审计条例》，专章对内部审计做了较为全面的规定。1989年，审计署发布《关于内部审计工作的规定》，标志着我国的内部审计制度基本确立。

1992年1月，审计署发布《关于改进内部审计制度增强大中型企业活力的通知》，提出大中型企业内部审计要把提高经济效益作为工作的重点，开展经营决策审计、成本费用审计、资金使用效果审计、工程预决算审计、内部控制系统评审，应加强财务收支审计，继续搞好承包经营责任审计。各级国家审计机关应健全部门审计机构，加强分类指导。1994年8月，全国人大第八届九次会议通过了《审计法》，其中第二十九条规定，"国有的金融机构和企业事业组织，应当按照国家有关规定建立健全内部审计制度"，其内部审计"应当接受审计机关的业务指导和监督"。为落实《审计法》的规定，1995年7月，审计署发布《审计署关于内部审计工作的规定》，对内部审计制度做了全面具体的规定。

随着我国社会主义市场经济体系的进一步完善，政府机构进行了改革，在职能转变后，已将对内部审计的具体管理、指导职能交给内审协会

---

① 《国务院关于审计工作的暂行规定》，1985-08-29，第十一条。

负责。原有的内部审计规定已不能适应新的形势的需要。与此同时，内部审计的发展迫切要求构建新的内部审计准则体系，以规范内部审计行为，提高内部审计质量，保证内部审计的健康发展。2003年3月，审计署发布了新的《关于内部审计工作的规定》，强调了内部审计是一项独立的审计，其目的是促进本单位及所属单位的经济管理和实现经济目标；同时扩大了内部审计制度的适用范围，适当增加了内部审计机构的权限，在原有的监督职能的基础上增加了内部审计的评价职能，充实了内部审计的内容，加强了对内部审计机构和人员权益的保护。该文件重新调整了内部审计机构与内部审计协会、企业主要负责人或权力机构以及审计机关之间的关系。同年4月，中国内部审计师协会发布了首批内部审计准则，为内部审计的实施提供了统一的标准，也为内部审计的行业自律管理提供了制度基础。

二、国资委成立至今

1. 财务收支审计

2006年2月，全国人大颁布了新的《中华人民共和国审计法》，将国有资本占控股地位或者主导地位的金融机构正式纳入审计监督范围，同时进一步健全了审计监督机制，完善了审计监督职责，加强了审计监督手段。为了进一步推动《审计法》的贯彻落实，2010年2月，国务院颁布了修订后的《中华人民共和国审计法实施条例》，明确了审计机关对国有资本占控股地位或者主导地位的企业、金融机构的审计监督职责和审计计划的告知义务。同年9月，审计署颁布《中华人民共和国国家审计准则》，为审计机关和审计人员执行审计业务设立了职业标准和行为规范。

2. 企业领导人员经济责任审计

2003年7月，中纪委等五部委联合发布《关于党政领导干部任期经济责任审计若干问题的指导意见》，要求全面推进县级以下党政领导干部和国有及国有控股企业领导人员经济责任审计，积极开展县级以上党政领导干部经济责任审计试点工作。该文件指出，经济责任审计应坚持以财政财务收支审计为基础，根据干部管理权限由组织部门提出年度审计项目的建议，由联席会议与审计机关协商拟订年度审计工作计划草案，经济责任审计联席会议或经济责任审计领导小组审议通过后,列入审计机关的年度工作计划,由组织部门书面委托审计机关实施经济责任审计。审计机关可以根据工作需要组织审计对象所在单位的内部审计人员承担具体审计事项。2004年8月,国资委发布《中央企业经济责任审计管理暂行办法》,提出对中央企业及其全资和控股子企业的负责人即法定代表人,由国资委按照企业负责人的管理权限组织对其进行经济责任审计,并会同有关部门依法对企业经济责任审计工作进行监督。对于资产规模较大的企业负责人的经济责任审计,根据国家有关规定,由国资委委托审计机关具体实施;其他企业负责人的经济责任审计由国资委通过公开招标的方式聘请符合一定资质条件的社会审计机构依据独立审计原则组织实施。此外,还可根据需要委托企业内部审计人员承担专项经济责任审计任务。审计报告提交前应征求被审计的企业负责人和所在企业的意见,该意见应与审计报告一同上报国资委。国资委对社会审计机构所提交的经济责任审计报告进行审核。2006年1月,国资委发布《中央企业经济责任审计实施细则》,对审计的任务、范围,审计成果的利用以及审计组织和程序等方面进行了细化。国资委负责组织实施其管理权限内的中央企业负责人的经济责任审计,具体实施方式包括国资委直接组织实施和委托审计机关实施两种。对于实施合并重组或托管的企业,可由国资委直接组织实施审计,也可由国资委委托重组企业或托管企业根据国资委规定的标准和程序等组织实施,审计结果须经国资委确认。国资委直接组织实施的,由国资委聘请社会审计机构或抽调企业内部审计人员具体实施。2006年2月修订的《审计法》对经济责任审计的对象和内容做出了原则性规定。2007年10月,党的十七大明确提出加强领导干部的经济责任审计,增强监督实效。2009年9月,党的十七届四中全会明确提出完善党政主要领导干部和国有企业领导人员经济责任审计。同年,为了避免以往分批审计造成的"先离任,后审计"现象,国资委在经济责任审计中开始探索"离任即审"方式,突出了审计时效。①

2010年10月,在经历了四年多的讨论后,党中央、国务院联合发布《党政主要领导干部和国有企业领导人员经济责任审计规定》。该文件对

---

① 中国国有资产监督管理年鉴编委会:《2010中国国有资产监督管理年鉴》,中国经济出版社2010年版,第89页。

1999 年的《国有企业及国有控服企业领导人员任期经济责任审计暂行规定》加以完善和修改，成为指导经济责任审计工作的新的纲领性文件。其中第四十一条规定："有关机构依法履行国有资产监督管理职责时，按照干部管理权限开展的经济责任审计，参照本规定组织实施。"2014 年 7 月，经中央经济责任审计工作部际联席会议审议通过，由中纪委、中组部、中央编办、监察部、人社部、审计署和国资委联合发布《关于印发〈党政主要领导干部和国有企业领导人员经济责任审计规定实施细则〉的通知》，扩大了国有企业领导人经济责任审计范围的对象，规定除国有企业法定代表人外，根据党委和政府、干部管理监督部门的要求，审计机关可以对不担任企业法定代表人但实际行使相应职权的董事长、总经理、党委书记等企业主要领导人员进行经济责任审计。

3. 年度决算审计

2004 年 2 月，国资委发布《中央企业财务决算报告管理办法》和《中央企业财务决算审计工作规则》，规定除涉及国家安全的特殊企业外，由国资委统一委托符合资质条件的会计师事务所对企业年度财务决算报表和报表附注进行审计。国资委依法对企业年度财务决算报告进行监督、核查。会计师事务所的选聘采取国资委公开招标或者企业推荐报国资委核准等方式。其中，国有控股企业采取企业推荐报国资委核准的方式。国资委暂未委托会计师事务所进行年度财务决算审计工作的企业，经国资委同意，由企业总部依照有关规定采取招标等方式委托会计师事务所对企业及各级子企业的年度财务决算进行审计。审计的范围除了一般的财务报表外，还包括国资委和企业要求的专项审计事项。国资委建立企业年度财务决算审计工作质量档案管理制度，对会计师事务所进行监督。2004 年 9 月，国资委印发《国资委统一委托会计师事务所工作试行办法》，提出国资委将有计划、有步骤地试行统一委托会计师事务所对企业年度财务决算报告进行审计工作，并对会计师事务所的资质和招投标的程序做出了规定。2005 年 10 月，国资委印发《关于加强中央企业财务决算审计工作的通知》，增加了对会计师事务所执业资信的规定，对会计师事务所的数量等做出了更加详细的规定，对中央企业在审计前、审计中和审计后的工作提出了具体的要求。2006 年 5 月，国资委发布《关于印发〈中央企业财务决算审计有关问题解答〉的通知》，对实践中反映的会计师事务所审计年限的计算以及会计师事务所的轮换问题做出了进一步说明。2011年12月，财政部和国资委联合发布《关于会计师事务所承担中央企业财务决算审计有关问题的通知》，重新对会计师事务所的审计年限等做出了更为详细的规定，并增加了遵守国家保密法规的要求。

4. 内部审计

2004年2月，国资委发布《中央企业财务决算报告管理办法》，规定"对于涉及国家安全的特殊子企业，以及国家法律法规未规定须委托会计师事务所进行审计的有关单位，企业应当建立和完善对其年度财务决算内审制度，并出具内审报告，以保证财务决算数据的真实性、完整性"。同月，国资委发布《中央企业财务决算审计工作规则》，明确了"涉及国家安全的特殊子企业"的范围，具体包括"按照国家有关规定，涉及国家安全不适宜会计师事务所审计的特殊子企业；依据所在国家及地区法律规定进行审计的境外子企业；国家法律、法规未规定须委托会计师事务所审计的有关单位"三类。同年8月，国资委发布《中央企业内部审计管理暂行办法》，要求国有独资和国有控股企业在董事会下设立独立的审计委员会，对内部审计进行监督和指导。未设立董事会的企业，其内部审计向企业主要负责人负责。国有独资和国有控股企业的内部审计机构的具体职责包括：制定企业内部审计工作制度，编制企业年度内部审计工作计划；组织或参与组织企业年度财务决算的审计，并对审计质量进行监督；对国家法律法规规定不适宜或者未规定须由社会中介机构进行年度财务决算审计的有关内容组织进行内部审计；对本企业及其子企业进行审计监督和绩效评价；组织对企业主要业务部门负责人和子企业的负责人进行任期或定期经济责任审计；组织对发生重大财务异常情况的子企业进行专项经济责任审计；对本企业及其子企业的基建工程和重大技术改造、大修等的立项、概（预）算、决算和竣工交付使用进行审计监督；对本企业及其子企业的物资（劳务）采购、产品销售、工程招标、对外投资及风险控制等经济活动和重要的经济合同等进行审计监督；对本企业及其子企业内部控制系统的健全性、合理性和有效性进行检查、评价和意见反馈，对企业有关业务的经营风险进行评估和意见反馈；对本企业年度工资总额的来源、使用和结算情况进行检查等。企业年度内部审计工作计划和工作总结报告，重要子企业负责人和企业财务部门负责人的经济责任审计报告，对企业及其子企业负责人进行的专项经济责任审计报告，以及内部审计中发现企业重大问题的专项报告，应向国资委报备。国资委依法对企业内部审计工作进行指导和监督。2005年12月，国资委发布《关于加强中央企业内部审计工作的通知》，从十三个方面对加强内部审计工作提出了要求。同年10月，国资委印发《关于加强中央企业财务决算审计工作的通知》，对企业所属涉及国家安全或难以实施外部审计的特殊子企业财务决算的内部审计工作提出了具体要求。2011年8月，中国内部审计协会发布了《企业内部经济责任审计指南》，对国有和国有控股企业及其下属独资和控股企业的内部经济责任审计的工作办法提出了详细的指引。

三、制度演化的特征和规律

对我国国有企业审计监督制度的历史考察表明，我国国有企业审计监督制度的历史是政府主导下的强制性制度变迁。国有企业审计监督制度的发展主要反映了政府对国有企业监管的需要。国有经济的发展水平是决定国有企业发展乃至国有企业审计制度发展的根本因素。这一特征在国家审计，包括财务收支审计和经济责任审计方面表现得尤为突出。例如，1986年，为配合厂长经理负责制，开始实行厂长（经理）离任经济责任审计。1988年，为了配合承包经营责任制，开始实行承包经营责任审计。1991年，为了加强国有企业的经营管理，提出了财务收支审计的"两个延伸"。1993年，为了配合国有企业转换经营机制，提出财务收支审计要监督和维护企业经营自主权。由于经济体制改革暴露出来的贪污腐败问题日益严重，1997年，党的十五大提出加强对领导干部的监督，于是开始实行国有企业领导人经济责任审计，并将经济责任审计与干部管理结合起来。

经济体制的转变导致政府对国有企业的管理体制的转变，审计监督制度也随之发生了变化。例如，从社会审计来看，政府机构改革促使会计师事务所与原挂靠的政府部门脱钩，社会审计在国有企业审计监督制度中的重要性开始上升。1983年以后，内部审计制度是在审计机关的大力推动下逐步发展起来的。但是随着国有资产管理体制的转变，大多数国有企业不再受原有的上级政府主管部门的管辖，企业内部审计的领导体制开始从政府主导向企业主导转变，在业务上不再受原上级政府主管部门的内部审计机构的指导，而是开始实行行业自律为主的管理模式；内容审计的职能从作为国家审计监督的基础、弥补国家审计力量的不足开始向为企业管理服务转型；内部审计的内容也从传统的财务收支审计逐步向评价有关的内部控制制度和经济效益延伸。国资委成立后，作为出资人加强了对国有企业财务决算审计和经济责任审计的监督与管理。原先由审计机关负责的部分经济责任审计改为实行国资委委托审计，国有企业的年度决算审计也改由国资委统一委托，国有企业的内部审计改由国资委负责监督和指导。

　　市场的发展水平也是影响国有企业审计监督制度演化的重要因素。例如，年度会计报表审计的出现就是会计师事务所和会计服务市场逐步发育与完善的结果。1980~1995年，财政机关与审计机关各自分别设立了一批会计师事务所和审计师事务所。其中，会计师事务所主要是为三资企业服务。审计师事务所主要是接受政府、审计机关、司法机关、事务所的主管部门以及企事业单位和其他经济组织的委托，办理财务收支和经济效益的审计鉴证以及相关的咨询和培训等。1995年以后，统一的会计管理制度逐步形成，会计师和审计师事务所统称为会计事务所，其执业法规和执业范围也得到了统一。这一时期，国家开始实行注册会计师制度，建立了注册会计师协会，制定了《注册会计师法》。注册会计师制度的实行，提高了注册会计师的整体业务素质和道德水平，增强了注册会计师的风险责任意识。随着对事务所进行"脱钩改制"和行业整顿的完成，新的会计事务所从以往依附于政府部门的事业单位转变为独立的社会中介机构。独立经营的会计事务所及其经营的规模化和规范化，促进了会计服务市场的形成和发展，市场的竞争水平和服务质量有了比较大的提升。这些都为会计事务所向国有企业及其管理部门提供高质量的年度会计报表审计服务提供了条件。

　　另一个影响国有企业审计监督制度发展的因素是企业自身对审计的需求。这一特征在内部审计和社会审计的发展中表现最为突出。例如，改革开放初期，在政府法规还未要求建立内部审计制度时，一些国营工厂就自发地实行了内部审计，当时的目标是减少经济损失，提高经济效益。在政府明确要求实行年度会计报表审计制度之前，有许多国有企业已经出于自身生产经营的需要开始主动委托会计师（审计）事务所进行财务收支和会计报表审计。①

外国经验对中国国有企业审计监督制度也具有一定的影响，这种影响主要体现在技术层面。例如，审计机关和国有企业及其管理部门对外交流不断扩大，将其他国家的经验带回中国。同时，外资社会审计机构在中国业务的开展和扩大，也为中国国有企业审计监督制度甚至整个审计制度带来了新的理念和新的技术。为了将更多标准化的业务引入中国，外资社会审计机构包括一些会计师事务所和相关的咨询机构在中国做了大量的宣传和培训工作。例如，审计委员会制度的实行、审计准则的不断完善以及审计技术的不断进步、内部控制和风险管理制度的建立等都受到了外国经验的影响。

第二节
中国国有企业审计监督制度的现状

上一节从纵向的角度考察了中国国有企业审计监督制度的历史和发展规律，本节将从横向的角度对中国国有企业审计监督制度的现状进行分析。与上一节注重历史事件和历史环境的分析不同，本节将更加注重对制度本身的内容和运行情况的分析。

一、审计监督制度体系的框架

我国现行的国有企业审计监督制度包括财务收支审计、企业领导人员经济责任审计、年度决算审计和内部审计四种主要形式。其中，财务收支审计和企业领导人员经济责任审计属于国家审计。财务收支审计是指审计

---

① 罗进新、倪鹏翔：《浅谈国有企业年度会计报表注册会计师审计工作》，《注册会计师通讯》1998年第3期。

机关对国有企业资产、负债、损益的真实、合法、效益进行的审计监督，其目的是揭露和反映企业资产、负债和盈亏的真实情况，查处企业财务收支中各种违法违规问题，维护国家所有者权益，促进廉政建设，防止国有资产流失，为政府加强宏观调控服务。财务收支审计是国家审计机关的法定职责。国有企业领导人员经济责任审计是为明确国有企业领导人员的经营管理责任而进行的一种审计活动，包括任期经济责任审计、离任经济责任审计和专项经济责任审计。① 其目的是加强对企业负责人的责任监督，建立与完善企业负责人经济责任的审计认定制度，客观评价企业负责人任职期间的经营业绩与经济责任，为企业负责人的任用、考核和奖惩提供参考依据，促进企业加强和改善经营管理，保证国有资产安全和国有资本保值增值。企业领导人员经济责任审计由组织部门根据干部管理权限委托审计机关实施，也可以直接组织实施。干部管理部门直接组织实施的，可聘请社会审计或抽调企业内部审计机构人员配合实施，也可以委托企业内部审计机构进行专项经济责任审计。其中，资产规模较大的企业负责人的经济责任审计工作，一般委托国家审计机关组织实施。年度决算审计属于社会审计，是由国有资产监督管理机构即国资委统一委托或经国有资产监督管理机构同意后由企业自行委托会计师事务所实施的审计，目的是对企业财务报表的合法性和公允性进行鉴证与评价。特殊企业年度决算审计由企业内部审计组织实施。② 内部审计是"组织内部的一种独立客观的监督和评价活动"，"通过审查和评价经营活动及内部控制的真实性、合法性和有效性来促进组织目标的实现"。③

各种审计制度之间相互独立，不存在隶属关系；在实践中相互协作、紧密结合（见表4-1）。其区别主要体现在：一是审计委托人不同。财务收支审计的委托人是国家，经济责任审计的委托人是干部管理部门（依据干部管理关系可以是同级政府干部管理部门或者同级国有资产监督管理机构的干部管理部门），年度决算审计的委托人是国资委（在国

---

① 根据财务监督工作的需要，当企业发生重大财务异常情况时可以组织实施专项经济责任审计。

② 特殊企业包括中华人民共和国境内除继续保留或封存军工科研生产能力的军工企业（不包括其投资兴办的具有独立法人资格的民品企业）、监狱劳教企业、边境农场、新疆生产建设兵团和黑龙江垦区所属农业企业等特殊行业企业。

③ 《中国内部审计准则》，第二条。

资委未委托的情况下,可由企业集团自行委托),内部审计的委托人是董事会或管理层。二是独立性的程度不同。根据审计委托人以及审计主体与被审计企业关系的远近,财务收支审计的独立性最强,经济责任审计的独立性次之,年度决算审计的独立性再次之,内部审计的独立性最弱。三是审计的对象不同。经济责任审计的对象是人,其他三类审计的对象是企业。四是审计监督的性质不同。财务收支审计属于财政监督,经济责任审计属于党政监督,年度决算审计属于出资人监督,内部审计属于企业内部控制与监督(见表4-2)。

表4-1 我国现行的国有企业审计监督制度体系

审计制度	审计主体	审计客体	审计内容
财务收支审计	国家审计机关	国有独资企业、国有资本占控股地位或者主导地位的企业	评价被审计企业的资产、负债、损益的真实、合法、效益,处理、处罚其违反国家规定的行为
年度决算审计	国资委通过招标委托会计师事务所实施;国资委未委托的,经国资委同意,由企业总部委托具有资质条件的会计师事务所及注册会计师实施;特殊企业由企业内部审计部门负责实施	国有及国有控股企业	以国家财务会计制度为依据,对企业编制的年度财务决算报告及经济活动进行审查并发表独立审计意见;审计的范围包括:资产负债表、利润及利润分配表、现金流量表、所有者权益变动表,会计报表附注,国资委要求的专项审计事项,企业要求的其他专项审计事项
企业领导人员经济责任审计	党的组织部门按照干部管理权限委托审计机关、社会审计机构或组织、抽调企业内部审计人员实施	企业法定代表人;党委和政府、干部管理监督部门要求的,不担任企业法定代表人但实际行使相应职权的企业主要领导人员	依据国家规定的程序、方法和要求,对企业负责人任职期间其所在企业资产、负债、权益和损益的真实性、合法性和效益性及重大经营决策等有关经济活动,以及执行国家有关法律法规的情况进行监督和评价

续表

审计制度	审计主体	审计客体	审计内容
内部审计	企业内部审计机构（经济责任审计由本企业董事会或高级管理层委派）	国有企业；企业内部管理领导干部，包括企业主要业务部门的负责人、企业下属全资或控股企业的法定代表人（包括主持工作一年以上的副职领导干部）等	对企业（及其子企业）的经济活动、经营绩效、内部控制和经营风险进行监督评价；对企业主要业务部门负责人和子企业的负责人进行经济责任审计；当子企业发生重大财务异常情况时，对其进行专项经济责任审计

资料来源：根据相关政策文件整理。

表4-2　不同审计监督制度之间的区别

		独立性	委托人	监督对象的类型	监督的性质
国家审计	财务收支审计	强	国家	企业	财政监督
	经济责任审计	较强	干部管理部门	人	党政监督
社会审计（年度决算审计）		较强	国资委	企业	出资人监督
内部审计		弱	董事会或管理层	企业	企业内部控制与监督

资料来源：笔者整理。

二、审计监督制度的主要特征

国有企业审计监督制度的特征主要体现在以下几个方面：

1. 国家审计的主要特征

（1）国家审计的领导体制。我国的国家审计是一种典型的行政型领导体制。审计机关隶属于政府，是政府的一个组成部门。与苏联类似，我国的国家审计机关实行的是双重领导体制。国家审计机关分为国家最高审计机关——国家审计署和地方审计机关。审计署在国务院总理领导下，主管全国的审计工作，地方审计机关在本级人民政府行政首长和上一级审计机关的领导下，负责本行政区域的审计工作。行政管理方面以同级政府的领导为主，业务方面以上一级审计机关的领导为主。实行"上审下"和

"同级审"并存。审计机关履行职责所需的经费列入同级政府的财政预算,由同级人民政府予以保证。

(2)国家审计的内容。我国国有企业国家审计的内容主要包括财务收支审计和绩效审计(我国称为效益审计)两种。虽然在经济责任审计以及一些建设项目审计中也包含了效益审计的内容,但是效益审计的发展仍然比较落后。审计机关目前投入绩效审计的审计力量的比重较低,国有企业国家审计的内容仍然以财务收支审计为主。绩效审计技术规范还不健全,包括绩效审计准则和绩效评价指标体系等都没有建立。总体而言,我国国有企业国家审计中目前所实施的效益审计仅仅是在真实、合法性的基础上对国有资金是否存在损失、浪费现象进行审查,并不是真正的绩效审计。

(3)国家审计报告制度。目前,审计机关提交的报告包括两种形式:一种是常规性审计报告,包括审计机关向被审计单位或个人送达的财政财务收支审计报告、专项审计调查报告及审计决定书。另一种是专题性和综合性报告,包括就审计中发现的重大问题事项向本级政府和上级审计机关提交的专题报告、专题信息以及审计项目汇总报告,每年向本级政府及上级审计机关提交的关于财政预算执行情况和财政收支情况(包括对中央银行的财务收支)的汇总的审计结果报告,向被审计领导干部及其所在单位出具的经济责任审计报告,向干部管理监督部门提交的经济责任审计结果报告,代本级政府起草并受本级政府委托向本级人民代表大会常务委员会提交的本级预算执行情况和其他财政收支情况的审计工作报告等。其中,经济责任审计结果报告等经济责任审计结论性文书应报送本级党委、政府主要负责同志,提交委托审计的组织部门,抄送领导小组(联席会议)有关成员单位;必要时,可以将涉及其他有关主管部门的情况抄送该部门。

现行国家审计报告的内容范围狭窄。相关的法律法规并没有将国家审计的全部事项纳入强制性报告的范围。除本级预算执行审计、专项审计调查和任期经济责任审计外,其他审计事项包括国有企事业单位(包括国有金融机构)、国家建设项目的预算执行和决算,国际组织和外国政府援助与贷款项目的财务收支审计,以及社会保障基金、捐赠基金和其他由政府部门管理的基金的财务收支审计等都无须提交审计报告,只需向被审计单位送达审计报告和审计决定书即可。从审计报告的程序来看，审计机关对本级政府及相关部门的审计报告要经过本级政府审定，并代表本级政府向人大常委会提交。对领导干部的经济责任审计报告也需征求被审计人及其所在单位的意见，必要时还可以征求本级党委、政府有关领导同志，以及本级经济责任审计工作领导小组或者经济责任审计工作联席会议有关成员单位的意见，潜在的利益冲突导致审计报告难以保持客观性和公正性。

（4）国家审计结果公告制度。审计结果公告是加强国家审计信息披露和社会监督的一项制度安排。2010年以来，审计署开始对中央企业（不包括金融类国有企业）的审计结果实行公告。截至2019年4月，已经公告的中央企业审计结果达到135份，且全部为财务收支审计结果。① 目前，审计署公告的审计项目仅占全部审计项目的不到10%。对经济责任的审计结果还没有实行公告。② 与《国家审计准则》的规定相比，实践中国家审计的审计结果公告内容范围较窄。审计结果公告中并没有关于处理处罚决定及审计建议这项法定内容。公告形式单一，只采用了互联网和报刊出版物两种形式。以上问题导致社会公众对国家审计结果公告的关注度和信任度较低，审计结果公告的效果不理想。

（5）国家审计的落实整改。我国的国家审计整改落实制度起步较晚。2010年审计署颁布的《审计法实施条例（修订）》规定："被审计单位应当将审计决定执行情况书面报告审计机关。审计机关应当检查审计决定的执行情况。被审计单位不执行审计决定的，审计机关应当责令限期执行；逾期仍不执行的，审计机关可以申请人民法院强制执行，建议有关主管机关、单位对直接负责的主管人员和其他直接责任人员给予处分。"③ 2011年正式实施的《国家审计准则》第一次正式提出了"审计整改"一词。其中第一百六十三条规定："审计机关应当建立审计整改检查机制，

---

① 根据审计署网站的相关公告信息统计得出。
② 根据2012年审计署和国家保密局联合颁布的《审计工作国家秘密范围的规定》，涉及省部级领导干部违法违纪问题的审计或审计调查情况、涉及易引发全国性市场异常波动事项的审计或审计调查情况等均属于国家秘密。而根据《政府审计准则》，该类信息均不能对外公布。这就导致几乎所有中央企业的企业领导人员经济责任审计结果都不能对外公布。而由于我国国有企业在国民经济中的特殊地位，审计发现重大问题的大型国有企业的财务收支审计结果也不能对外公布。
③ 《审计法实施条例（修订）》，第五十四条。

督促被审计单位和其他单位根据审计结果进行整改。"第一百六十五条对督促整改的时效做出了规定。要求审计组在实施审计的过程中,对一些亟须改进和容易改进的问题立即向被审计单位提出整改要求,督促其立即整改落实。对于其他问题,审计机关应在规定时间内检查或者了解被审计单位和其他有关单位的整改情况。同时要求审计机关就检查情况形成整改情况的汇总报告,向本级人民政府汇报。近年来,随着我国对国有企业审计监督力度的不断加大,国家审计整改所涉及问题的层次越来越深,整改的难度越来越大。从审计署公布的审计报告和审计结果公告的情况来看,审计整改的质量并没有实质性的改善。一些企业对多年前查出的问题仍未整改,一些问题在同一企业中存在屡查屡犯的情况。

2. 社会审计的主要特征

(1) 社会审计的委托模式。国有企业的社会审计委托目前分为三种形式:一是国有控股企业实行核准制。由企业自主推荐会计师事务所并报国资委核准,由企业委托并付费。二是一些率先列入试点的中央企业由国资委公开招标选任负责审计的会计师事务所,由国资委统一委托并付费。三是国资委暂未委托会计师事务所进行年度财务决算审计工作的企业,经国资委同意,由企业总部采取招标等方式委托会计师事务所对企业及各级子企业的年度财务决算进行审计,由企业支付审计费用。今后将实现国资委对所有所出资企业的年度财务决算审计行使委托权。

(2) 社会审计的治理结构。从股权结构方面来看,我国的会计师事务所从"脱钩改制"时起就形成了较为集中的股权结构,在采用了特殊的普通合伙企业的组织形式以后,虽然股权集中度有所下降,但仍然很高。这是由于我国会计师事务所的历史形成比较复杂,在事务所"脱钩建制"之时,很多事务所的合伙人和出资人并不是在平等协商的基础上产生的,因此企业的出资人与合伙人之间缺乏凝聚力。合伙人之间在合伙事务方面难以达成一致,对吸收新合伙人的标准没有形成明确的政策。[①] 随着事务所规模的扩大,合伙人难以得到有效的补充,导致事务所的管理跨度过大。一方面,这会造成个别合伙人或部分合伙人对合伙企业的合伙事务的独断,从而导致决策的失误;另一方面,合伙人的管理跨度过大,不利

---

① 孙丹:《我国特殊普通合伙制会计师事务所内部治理问题探讨》,硕士毕业论文,江西财经大学,2014年。

于实现合伙企业的工作质量控制。

从利润分配方面来看,我国会计师事务所合伙人的利润分配主要以资本要素投入为基础,对合伙人作为管理者的管理要素投入的报酬不足。注册会计师行业是一个智力密集型的行业。合伙人的激励机制主要以投资收益为主,造成管理投入较多的合伙人得不到合理的补偿,从而加深了合伙人之间的矛盾,破坏了合伙企业的基础。

从员工的激励机制方面来看,我国会计师事务所员工的固定工资较低,绩效奖金和职位晋升主要与业务量挂钩,导致审计人员专注于与客户维持良好的关系,对提高审计质量不够重视。事务所通常采用的是职位层级较多的窄带管理结构,而且内部员工转为合伙人的比例较低。由于多数事务所缺乏品牌声誉,在职培训对员工的激励作用有限。此外,对员工的绩效考核也缺乏合理的标准。①

(3) 社会审计的监管机制。我国的社会审计实行的是一种政府监管为主、行业自律为辅的监管模式。由财政部门负责注册会计师审计的全面监管,审计机关负责对国有企业注册会计师审计的质量监管,证券监督部门负责对具有证券业务资格的注册会计师审计的监管。但是相关法律并未对不同监管部门的具体监管职责做出详细的界定,实践中存在交叉监管、重复监管和监管过度以及监管真空等现象。对违规的事务所和从业人员缺乏有效的惩戒机制。违规的事务所往往只需缴纳数量有限的行政罚款,很少追究个人的民事赔偿责任。由于社会信用机制不健全,一般的行政处罚难以真正起到惩戒的作用。即使事务所被撤销营业资格,违规的注册会计师也可以换个地方继续执业。由于体制上的原因,实践中注册会计师协会仍然与政府监管部门存在难以割舍的联系,行业自律功能还没有得到真正的发挥。

(4) 社会审计的信息披露。我国目前除上市公司外,其他国有企业的年度财务决算审计报告并不直接公开,仅向上级部门报送。虽然相关法规规定上市公司应在定期报告中披露轮换审计师的情况、审计师报酬以及审计师连续审计年限,但是由于对审计师变更信息披露的具体程序和标准以及责任缺乏可操作性的规定和约束,我国上市公司审计师变更的信息披

---

① 孙丹:《我国特殊普通合伙制会计师事务所内部治理问题探讨》,硕士毕业论文,江西财经大学,2014年。

露中往往并不披露变更审计师的真实原因。审计师变更信息披露还只是形式性披露,而非实质性披露。此外,社会审计信息披露的及时性和实施效力等方面也不够充分。

3. 内部审计的主要特征

(1) 内部审计的隶属模式。目前,我国的相关法规规定,在已设立董事会的国有企业,内部审计机构应受董事会审计委员会的指导和监督;尚未设立董事会的企业,内部审计机构应对企业主要负责人负责。实践中,国有企业的内部审计机构存在隶属于董事会、总经理、副总经理、财务总监、总会计师、监事会等多种模式。由于董事会试点的范围有限,目前多数企业的内部审计机构隶属于总经理或管理层。有些企业还实行了双向领导和双重报告制度,内部审计机构同时向管理层和董事会下属审计委员会负责并报告工作。但是这些企业在实践中没有明确向董事会(及审计委员会)和管理层的报告责任与报告程序。一些企业甚至规定,内部审计机构向审计委员会提交报告应首先获得总经理的批准。① 这就造成审计委员会所获得的是经管理层筛选过的信息。在这种情况下,审计委员会难以对内部审计实施有效的业务领导,内部审计也难以发挥治理的作用。此外,内部审计机构与审计委员会之间缺乏有效的沟通,也降低了内部审计的治理效率。

(2) 内部审计的职责。我国对国有企业内部审计职责的界定还停留在财务审计和合规审计阶段,监督职责是内部审计的主要职责。②③ 这与我国内部审计制度建立和发展的特殊制度环境有关。我国国有企业内部审计是应国家审计的需要建立的,在很长时期里被视为国家审计的补充。实践中内部审计在很大程度上成为国家审计在企业内部的延伸。财务审计、

---

① 王兵、鲍国明:《国有企业内部审计实践与发展经验》,《审计研究》2013年第2期。

② 2007年,中国内部审计协会对1280家国有企业内部审计发展情况的调查显示,内部审计的主要内容为财务审计、经济责任审计、专项审计、投资项目审计和经济效益审计等。从工作开展的频繁程度来看,国有企业内部审计部门最常开展的审计业务是财务审计,其次是经济责任审计而最不经常开展的是战略性审计、环境管理审计、舞弊欺诈预防与调查等。参见中国内部审计协会内部审计发展研究中心、南京审计学院国际审计学院:《08'中国国有企业内部审计发展研究报告》,中国时代经济出版社2008年版,第29—31页。

③ 2013年8月20日,中国内部审计协会重新修订并颁布了《中国内部审计准则》。其中,借鉴了IIA对内部审计的定义,将内部审计的职能从"监督和评价"改为"确认和咨询",但是这一定义还不能反映我国企业尤其是国有企业内部审计的实际职责。

经济责任审计无不体现了国家对国有企业监督的需要。例如，经济责任审计不仅涉及财务收支审计，还包括了对国有企业领导人实施国家政策的情况、廉洁奉公情况、促进企业合法经营和党建责任制等方面的审查。

(3) 内部审计的政府监管。目前，我国国有企业内部审计的政府监管主要由国有资产监督管理部门负责。相关法规规定，企业内部审计计划和工作总结报告以及特定的审计报告、企业更换内部审计部门的负责人等应向国资委备案，并且提出"国资委将根据有关规定对企业内部审计工作改进和完善情况组织进行检查和评估"。① 但是我国目前并没有制定内部审计检查的专门性法规，现行的相关法规中对内部审计的检查和监督的规定也比较笼统。总体来说，我国国有企业内部审计的政府监管还需要进一步规范和加强。

(4) 企业集团内部审计。我国国有企业集团的内部审计机构大多实行分级设置、分级管理的模式，一般设置两到三个层次。即集团公司（一级企业）和下属子公司（二级企业）分别设置内部审计机构，部分企业集团在三级公司中也设立了内部审计机构。这种分散型管理模式的形成主要与我国国有企业集团实行的三级预算管理体制有关。从目前的发展情况来看，多数国有企业集团下属企业内部审计机构的审计力量严重不足，无法满足审计三级复核等内部审计质量控制的要求。由于审计人员较少，造成审计覆盖率低，形成监管空白，很多企业集团的三级以下企业出现了多年未审的现象。审计工作难以做到从独立、全局的视角看待问题，并且多少会受到其他职能部门的影响和干预，影响了内部审计的治理效果。近年来，一些大型国有企业集团借鉴国际大型企业内部审计管理的经验，开始逐渐从分级管理向集中化管理转型。一些企业集团实行了集中管理与派审管理相结合的管理模式。② 但是，总体来看，我国国有企业集团内部审计的集中化程度不高，实践中很多企业实施内部审计集中化主要是为了解决内部审计人员短缺的问题。由于国有企业集团本身在集团管控方面存在"集而不团"等缺陷，内部审计集中化的优势尚未充分显现。

---

① 《关于加强中央企业内部审计工作的通知》，国资委，2005 年。
② 王兵、鲍国明：《国有企业内部审计实践与发展经验》，《审计研究》2013 年第 2 期。

> **专栏 4—1** 中国石油的企业集团内部审计管理模式

中国石油天然气股份有限公司（以下简称中国石油）建立了较为完善的公司治理结构。除设有监事会对董事会和总裁进行监督外，在董事会下设有审计委员会，由部分懂经营、善管理、会理财的独立董事组成，负责对总裁的经济责任履行情况进行监督。在公司总裁（副总裁）下设有审计部，审计部直接向总裁（副总裁）报告工作，对总裁（副总裁）以下各管理层的经济责任履行情况进行监督，接受总裁的考核。审计部在征得总裁同意后，定期向公司监事会和审计委员会报告工作。向审计委员会的报告以报告内部审计工作和风险分析、风险管理的建议为主；向监事会的报告以报告对公司财务管理的评价为主。审计部接受审计委员会的业务指导，也可以接受审计委员会和监事会的授权开展工作。审计部的工作由总裁主管、副总裁协管。采用这种管理方式，对于日常的审计工作来说，由于副总裁更有精力过问审计工作，对审计工作的管理更细、更到位；对于重大审计问题，可征得总裁的支持，审计意见和建议能得到总裁的重视。因此，这种管理方式为保障内部审计职能的充分发挥提供了坚强的后盾。同时，中国石油在子公司和各分公司的总经理下都设有审计部或审计机构（子公司和部分分公司下属的二级单位也设有内部审计机构），直接对本公司的总经理负责并报告工作，对总经理下的各管理层进行监督。子公司和各分公司审计部在征得本公司总经理的同意后，定期向股份公司审计部和本公司监事会汇报工作，并可接受股份公司审计部和本公司监事会的授权开展工作。

中国石油有专职内部审计人员 600 余人，公司赋予审计机构检查公司所有经济活动的权利。公司成立以来，通过内部审计共防止或挽回资金流失 34 亿余元。内部审计在公司的经营管理中起到了重要的作用，公司管理层将内部审计定位为公司内部的一种免疫机能。中国石油内部审计机构的设置使整个经济责任链条上对各方的监控得到有效的保障。

资料来源：汤谷良、刘晓嫱、梁凯：《集团内部审计组织的构建与功能协调》，《工商大学学报》（哲学社会科学版）2005 年第 9 期。中国石油天然气股份有限公司网站，http://www.petrochina.com.cn/，2015 年 8 月 19 日。

（5）后续审计和成果利用。2003年，中国内部审计协会发布了《内部审计具体准则第8号——后续审计》，首次将后续审计列为内部审计必不可少的步骤之一，并对后续审计应该遵循的基本原则和过程进行了规范。但我国国有企业后续审计的起步较晚，相关的行业准则还不够完善。从实践方面来看，国有企业内部审计的后续审计还存在权威性较低、约束性较差、对整改效果的评价标准不完善、问责机制不健全、内部审计部门与被审计单位缺乏有效沟通等问题。

内部审计成果的利用包括内部审计部门对自身前期审计成果的利用，上级企业与下级企业内部审计部门内部审计成果的互相利用①，被审计部门和企业管理层对内部审计成果的利用，外部审计对内部审计成果的利用②③以及其他监督机构如监事会、纪检监察部门对内部审计成果的利用等。目前，我国国有企业在内部审计的成果利用方面还存在以下一些问题：第一，内部审计本身的质量不高。例如，内部审计机构缺乏独立性，导致其审计结果缺乏客观性；内部审计人员的知识结构不合理，业务水平不高，执业判断力不强，导致提出的问题不充分；内部审计手段落后，导致工作效率不高，内部审计信息滞后，缺乏时效性；内部审计报告和意见书等书写不规范，审计决定或建议的内容比较笼统，缺乏具体的纠正措施和量化目标，针对性不强，导致内部审计建议的可操作性差。第二，内部审计部门、企业管理层、被审计单位以及国有资产管理部门等对内部审计成果的利用缺乏主动性和积极性。第三，一些监督机构如纪检监察部门和监事会等对内部审计成果的利用不规范，是否利用和如何利用均存在较大的随意性。以上问题导致国有企业内部审计整改和成果利用的整体效果不够理想。

专栏4-2　国家电网甘肃公司内部审计管理模式

国家电网甘肃公司为增强内部审计的实际效果采取了以下主要措施：

---

① 《中国内部审计实务指南第5号——企业内部经济责任审计指南》，第十条。
② 《中国注册会计师审计准则第1411号——利用内部审计人员的工作》，财政部。
③ 《关于党政领导干部任期经济责任审计若干问题的指导意见》，经济责任审计工作联席会议办公室。

第一,内部审计工作由"一把手"负责,建立了统一领导、分级管理、分层负责的管理机制,同时配备专职副总审计师对审计工作进行协调和业务指导。

第二,建立了内部审计工作向党组会和总经理办公会报告制度,由企业负责人对重大审计事项和综合性审计报告做出批示,明确审计意见的整改要求。

第三,出台了《审计查处问题责任追究暂行办法》,从违规责任的划分、查出问题的处理、处罚权限和程序等方面对审计查出的问题实行责任追究。

第四,推行审计工作联席会议,不定期地组织企业发展、人力资源、财务、营销、基建、生产技术、物资、审计、法律等部门召开审计工作联席会议,通报审计工作的具体情况以及发现的问题,共同研究解决问题的办法,有针对性地制定改进措施,同时明确不同部门在落实整改中的具体责任。

第五,对于任期经济责任审计发现的问题,由人事董事部定期组织人事董事、人力资源、监察、审计等部门召开干部离任审计交底会,共同研究解决干部管理中存在的问题,实现审计成果信息共享,并将审计成果与干部管理、绩效考核、纪检监察等方面联系起来。

第六,在后续审计中,对所有被审计单位进行回访,把审计意见(决定)作为一条政治纪律和工作纪律,要求被审计单位必须全部落实,同时对有关账务调整、违纪违规事项纠正处理和责任追究情况进行评价。

第七,将内部审计整改情况与财务决算审核相结合。审计部参与财务部门对各单位年终报表的审核工作,对审计意见落实不到位的单位,财务决算不予通过。

第八,采用审计签报和督办单等书面督促方式。对于违纪问题比较多、金额比较大、情节比较严重的,则以审计签报的形式征求有关业务职能部门的意见,印发督办单,对审计整改工作进行督办落实。2010年,公司共出具审计签报(通报)4份,印发审计督办单13份,均得到了全面落实。

资料来源:罗文姬、张志斌:《重审计更重整改——甘肃公司加强审计工作助推企业发展纪实》,《国家电网报》2011年5月24日第1版。

三、审计监督制度的制度创新

1. "大监督"体系

我国国有企业监督制度是由审计、（内设）监事会、外派监事会、纪检监察和职工代表大会等多种制度组成的。实践表明，多元化和多样化的监督制度并没有很好地解决国有企业的监督问题。为了发挥各监督制度的优势，形成监督合力，目前绝大多数国有企业，特别是国有独资企业自发地建立了"大监督"体系。所谓"大监督"体系，是指企业将监事会、纪检监察、审计、职代会等监督资源进行整合，加强股权监督、党内监督、政府监督、社会中介监督、内部管理监督、民主监督等的联系与协作，通过内部与外部监督相结合，专业与综合监督相结合，群众与组织监督相结合，使监督工作融入企业日常管理之中，从而实现监督工作的全方位、全过程和全覆盖。该体系的特点是：第一，一般由党委和纪委发挥领导作用，纳入体系的监督部门包括监事会、纪检监察、审计和职代会等。第二，一般采用联席会议制度。通过召集各监督部门的负责人定期召开联席会议对监督信息进行交流和沟通，确定联合监督的重要事项和监督工作的安排。第三，联席会议和领导机构一般设在集团公司层面，统一调配下属企业的监督资源，主要针对重点的下属企业实行监督检查。

从目前的实践情况来看，建立"大监督"体系在一定程度上促进了不同监督机构之间的交流、学习，提高了监督能力，能够利用不同监督部门的优势，更加及时地发现问题。同时，也促进了不同监督机构之间监督知识、信息和成果的共享，在一定程度上避免了重复监督，减轻了监督力量不足所带来的压力。但是该体系在实践中还存在一些问题。例如，企业内部的各个监督部门都有自己独立的工作目标和部门利益。当本部门的监督资源有限，而"大监督"体系很难照顾到所有监督部门的利益时，如果随意调配监督资源就会导致个别监督部门自身的工作受到影响，或者遭到来自个别监督部门的抵触。此外，受领导体制的制约，"大监督"体系还难以实现对公司"一把手"和集团公司层面的监督。

2. 内部审计委派制

内部审计委派制是我国政府和事业单位首先试点并实行的多层级组织

内部审计管理的一种创新模式，后被烟草行业的国有企业集团所借鉴。烟草行业内部审计委派制的具体做法是，由集团公司向所属企业派驻内部审计办公室，负责派驻企业的内部审计工作。集团公司设立由总经理、纪检监察、人事劳务、审计、法规、财务等部门负责人组成的内部审计委员会，负责对派出的内部审计机构的指导、管理、监督和考核。实践中，一些国有企业的集团公司也借鉴了这一做法。具体做法是：由集团公司向下属企业委派内部审计主要负责人，派驻企业工作。内部审计在人事、财务和业务上独立于所驻企业，向下实行垂直管理，向上对派出单位即集团公司负责。① 例如，中国太平洋保险（集团）股份有限公司将各子公司的内部审计职能集中到集团层面，同时由集团公司审计副总监兼任各子公司的审计责任人，加强了对子公司的审计监督。北京汽车集团有限公司对设置独立审计机构的下属二级企业审计负责人纳入集团派出人员管理。一些企业的实践结果表明，内部审计委派制提高了内部审计人员的地位与专业胜任能力，增强了内部审计机构的权威性与独立性，对在集团范围内优化和整合内部审计资源发挥了有利的作用。

目前，实行内部审计委派制的国有企业集团主要限于烟草、电力、保险、汽车等特定行业，其他行业的国有企业集团尚未普及。从实践经验来看，内部审计委派制存在的问题主要有：一是一些内部审计人员虽然名义上是由企业集团派驻，但实际上内部审计人员来自派往企业内部，其人事关系和组织关系还保留在派往企业，薪酬与考核仍归派往企业管理，没有实现真正的垂直管理。在这种情况下，所谓的派驻内部审计机构实际上成为派往企业内部的职能部门，只是在业务上接受集团公司的统一培训，在发现重大问题时向集团公司报告，与分散管理模式并没有本质上的区别。二是由于内部审计由集团公司负责，不属于派往企业管理层的职责范围，导致派往企业管理层对内部审计工作关注较少，派驻企业的内部审计机构和人员常被边缘化，内部审计工作难以得到派往企业的配合，审计工作较为被动。三是一些企业集团的集团公司与下属企业的董事会以及其他企业领导人员高度重合，在一定程度上削弱了派驻内部审计机构的独立性。四

---

① 2013年中国内部审计协会发布的《中国内部审计准则》第2301号内部审计具体准则——内部审计机构的管理中第七条规定，"实行集中管理的内部审计机构可以对下级组织实行内部审计派驻制或者委派制"，这为内部审计委派制提供了依据。

国有企业审计监督制度研究

是国有企业集团实行内部审计派驻制主要是为了加强对下属企业的国有资产监督，因此内部审计职能单一，对企业经营管理的咨询功能没有得到很好的实现。

第三节
中国国有企业审计监督制度的问题

综合而言，中国国有企业审计监督制度存在的问题可以归纳为以下几个方面：

一、审计主体的独立性问题

审计主体的独立性是影响审计监督制度有效性的关键因素。研究表明，审计主体的独立性越强，审计的质量越高。①②③④⑤⑥

1. 国家审计的独立性问题

从国家审计方面来看，影响国家审计独立性的主要是其领导体制。我国国家审计实行的是行政型领导体制，这是由我国政治、经济发展的现状决

---

① Marks R. B and Raman K. K., "Some Additional Evidence on the Determinants of State Audit Budgets", *Auditing*: *A Journal of Practice and Theory*, Vol. 7, 1987, pp. 107–117.

② Wallace W. and Kreutzfeldt R., "Distinctive Characteristics of Entities with an Internal Audit Department and the Association of the Quality of Such Departments with Errors", *Contemporary Accounting Research*, Vol. 7, 1991, pp. 485–512.

③ Gordon L. A. and K. J. Smith, "Post Auditing Capital Expenditures and Firm Performance: The Role of Asymmetric Information", *Accounting, Organizations and Society*, Vol. 17, 1992, pp. 741–757.

④ DeFond Mark L., T. J. Wong and Shuhua Li, "The Impact of Improved Auditor Independence on Audit Market Concentration in China", *Journal of Accounting and Economics*, Vol. 28, 1999, pp. 269–305.

⑤ Carcello J. and Neal T., "Audit Committee Composition and Auditor Reporting", *Accounting Review*, Vol. 75, 2000, pp. 453–467.

⑥ 代勇：《国家审计质量研究》，四川大学，硕士学位论文，2007年。

定的，也与我国政审合一的历史传统存在很大关系。这一体制在建立初期便于审计机关利用政府的权威迅速将审计资源组织起来，加快了审计工作的开展，发挥了应有的作用，但其存在的弊端也逐渐显现。核心问题在于审计机关在经费、人员、业务等方面受同级政府的制约和干预，审计的独立性遭到了弱化，从而严重损害了审计的有效性。

20世纪80年代，我国设立国家审计机关之初，关于政府审计的领导体制问题曾经引起过一定的争论。此后，对该体制的质疑之声一直不绝于耳。特别是2003年"审计风暴"之后，国家审计体制问题受到社会的广泛关注，理论界和实务界关于改革现行国家审计领导体制的呼声日益高涨。目前，主要存在改良说、垂直说、双轨制说、立法模式说等几种观点。①②③④⑤ 其中，立法模式说是支持率最高的一种观点。⑥ 但是立法模式需要一定的制度环境的支撑，其中最重要的就是要有一个强有力的立法机构以及一个较为完备的法律体系。⑦而我国的人民代表大会制度还不健全，我国的法制建设还处于初级水平，国家治理相关的规则主要依靠政府行政法规等软法来进行规制。这些都会成为向立法型领导体制转变的制度性障碍。

除领导体制外，国家审计的独立性还取决于其他一些因素。如同级政府与审计对象之间的关系，对同级政府和审计机关的内外部监督机制与激励机制等。按照我国现行的国有资产管理体制，政府作为国有企业的出资人授权国有资产监督管理机构具体履行出资人职责。政府的行政权力渗透到了国有企业管理的方方面面。这就造成一方面，国有资产监督管理机构对政府存在较强的依附性，行政型领导模式很难真正审计到位；另一方面，受体制因素的影响，如果不借助政府部门包括国有资产管理部门的力量，无论国家审计的领导体制选择何种模式，对国有企业的审计都很难顺利进行。

---

① 尹平：《现行国家审计体制的利弊权衡与改革抉择》，《审计研究》2001年第4期。
② 吴联生：《政府审计机构隶属关系评价模型》，《审计研究》2002年第5期。
③ 杨肃昌、肖泽忠：《试论中国国家审计"双轨制"体制改革》，《审计与经济研究》2004年第1期。
④ 魏昌东：《中国国家审计权属性与重构》，《审计与经济研究》2010年第2期。
⑤ 王军法等（2014）对各类改革观点进行了较为全面的综述。参见王军法、关旭、贾云洁：《我国国家审计体制改革研究述评》，《南京审计学院学报》2014年第4期。
⑥ 肖泽忠、杨肃昌、高培勇：《中国审计体制改革观点的比较与选择》，《经济理论与经济管理》2009年第10期。
⑦ 李金华：《审计理论研究》，中国审计出版社2001年版，第174页。

2. 社会审计的独立性问题

影响国有企业社会审计独立性的主要是其委托模式。从我国国有企业年度决算审计的情况来看，实行国资委统一委托、统一付费，有利于解决社会审计与企业管理当局合谋的问题。但是在审计市场集中度不高、业务竞争激烈的情况下，委托一家会计师事务所对集团及其内部企业统一进行审计导致审计师对集团公司业务的依赖度过高，从而影响审计的独立性。以集团统一审计作为企业收买审计师的手段更加隐蔽。① 由于国资委实际上是国有企业的管理者，由其对国有企业的公共受托经济责任进行审计违背了审计独立性的基本要求。

3. 内部审计的独立性问题

我国国有企业内部审计一般隶属于管理层或董事会审计委员会。由于内部审计人员的调配和薪酬等都受管理层的管辖，内部审计机构对管理层的独立性受到较大的限制。此外，我国国有独资企业（公司）的董事会和审计委员会本身的独立性不强，也使内部审计机构的独立性难以得到有效的保证。

二、审计监督的监督范围问题

从国家审计方面来看，由于审计机关人力资源不足，长期以来我国国有企业财务收支审计的覆盖面较低。以审计署为例，每年仅能对管辖范围内 10% 左右的国有企业进行审计。2008~2015 年，审计署仅对国资委和财政部监管的 118 户中央企业中的 57 户进行过审计，对中央部委所属的 94 家企业基本上从未进行过审计。② 由于审计力量严重不足，对审计署管辖范围内的企业只能大体五年审计一次，而且只能主要对企业集团公司进行审计，对少数二、三级单位或反映十分突出的事项进行重点抽查。随着社会民主法治的进步，政府财政审计的任务会不断加重。从国有企业审计方面来看，国家审计机关审计力量不足的问题将进一步加剧。从内部审计方面来看，受企业内

---

① 陆正飞、王春飞：《集团统一审计：现状、意义及潜在影响》，《财会通讯》2011 年第 6 期。

② 郭晋晖：《国企境外机构难审计 审计署高官建议国企审计全覆盖》，一财网，http://www.yicai.com/news/2015/03/4583409.html，2015 年 3 月 9 日。

部审计力量的限制，内部审计还难以覆盖大多数国有企业集团的三级以下企业。

三、审计监督的审计内容问题

从国家审计方面来看，我国对国有企业的审计主要是财务收支审计，这种审计注重企业的财务收支是否合规。从西方发达国家的经验来看，随着经济社会的发展，绩效审计已取代财务合规审计成为国有企业国家审计的主要内容。这种审计主要审核各项经济资源的利用是否节约，审核项目或方案的预期效果能否实现、是否合理以及各项经济活动是否有效率。与财务审计不同，绩效审计产生的基础是受托公共管理责任，而非受托公共财务责任。其审计的目标不是查错纠弊，而是审查经济事项的经济性、效率性、效果性以及环境性和公平性，并最终审查公共资源的管理责任，提高公共资源的利用效率。绩效审计是一种综合性审计，需要利用多种学科的知识，审计标准也比较多元化。这种审计不适用于所有的国有企业。从各国的经验来看，国家审计机关对国有企业的绩效审计主要集中在与政府政策密切相关的企业，如国有独资的以实现政府政策为主要目标的法定机构和以公司为组织形式的准政府机构。此外，涉及国有企业的绩效审计主要是对政策性政府资金在国有企业中的使用效果进行审计。当前我国这种以财务收支与合规性审计内容为主的国家审计方式已经不能适应国有企业发展的需要。随着政企分开，国有企业的自主经营权不断增强，其公共受托管理责任不断明确和加深，必须加强对国有企业的绩效审计。但是目前绩效审计的发展还存在一些障碍：首先，绩效审计的一个特点就是具有综合性，要求审计人员不仅具有会计、财务和审计方面的专业知识，还需要具有经济学、管理学、工程技术与投资学等多方面的知识和技能。但我国审计人员的观念和知识结构等还不能达到绩效审计的要求。其次，绩效审计是建立在真实、合法性审计的基础上的，而我国审计机关人员短缺，真实、合法性审计尚存在很大的缺口。如果没有真实可信的财务信息，经济生活中存在大量的违法违纪行为，那么在这种环境下进行绩效审计也是不现实的。

从内部审计方面来看，世界主要发达国家的企业内部审计已经从传统的财务审计向管理审计过渡，同时向公司治理、风险管理和战略审计等新的领域发展。而我国国有企业内部审计的内容仍然以财务审计为主。随着我国国有大型企业的快速发展,企业所涉足的产业领域不断扩展,企业所管理的资源快速扩张。与之相对应,国有企业管理体系的建设还没有到位,严重滞后于企业发展的需要,这就迫切需要国有企业内部审计向层次更高的管理审计转型。但是我国国有企业开展管理审计还存在诸多障碍:一是目前国有企业内部审计人员主要来自财务和会计部门,其专业知识结构单一,难以胜任综合性较强的管理审计工作。二是管理审计是一种综合性的审计,要求掌握企业经营管理的详细、真实、有效的信息。我国国有企业内部审计的信息化水平不高,还难以实现对管理审计的有效支撑。三是由于部分企业领导人员观念的落后,对管理审计不够重视,同时没有实施后续审计,管理审计所提出的审计建议得不到采纳和有效落实,从而影响了管理审计的实际效果。

四、审计制度主体的激励问题

审计制度主体包括审计机构及审计人员、审计报告的审查机构和使用机构以及审计落实整改机构等。审计制度主体的激励机制决定了其在审计监督中的行为模式,因而对审计监督的效果存在重要的影响。

1. 国家审计中的激励问题

我国的国家审计人员实行的是公务员式的管理模式。其特点是重行政、轻业务,导致管理方式与工作性质不匹配。所实行的审计专业技术资格制度只是一种部门内部职称评定制度。职业资格准入制度的缺失导致审计人员的专业结构单一,胜任力较弱,难以适应审计工作发展的需要。

在审计的工作规范、质量控制评价标准、责任制度、组织和人员管理制度、审计检查和考核以及奖惩制度等方面都还不够系统和完善。实际审计工作中存在审前工作不到位,审计调查不深入,审计计划编制不科学、重点不突出、针对性差,审计取证不充分,审计工作底稿和审计日记不完整,复核制度不落实,审计报告内容不完整、综合分析不透彻、处理处罚不恰当,审计整改检查形式化等不规范现象。

审计报告制度中没有建立相应的报告使用效果跟踪、信息反馈和责任机制。审计报告提交以后,相关政府和人大常委会等部门应该根据审计报告采取相应的政策措施，促进对审计报告发现的问题予以纠正，并承担相应的责任。关于报告利用情况的信息应该及时向审计机关反馈，从而对审计机关报告工作的持续改进起到指导作用。虽然相关法规规定审计报告应报告或抄送相关的部门和人员，但对这些部门和人员的具体责任没有相应的规定，这就增加了审计报告利用的不确定性。

相关法规虽然明确审计机关拥有对审计整改的监督权，但是对如何履行这一权力没有明确的规定。审计机关对审计整改监督的权力有限，既没有处罚权，也没有独立的公告权。对于违反整改要求的行为的处罚缺乏明确的法律依据。《国家审计准则》中规定："如发现被审计单位超过九十日未执行审计决定的，审计机关应当报告人民政府或者提请有关主管部门在法定职权范围内依法作出处理，或者向人民法院提出强制执行的申请。"但是对于政府和主管部门不作为却没有明确的问责机制，对于申请法院强制执行的具体程序也没有明确的规定。因此，现实中，很少对未严格执行审计决定的被审计单位做出处理或提请人民法院强制执行。受国家审计人员激励机制的影响，审计人员对检查审计整改的积极性不高，存在"重审计，轻处理"的现象。审计整改检查的执行力较差导致被审计单位往往心存侥幸，难以将整改工作落实到位。由于我国地方审计机关实行的是地方政府和上级审计机关的双重领导体制，所以在人员、经费等各方面受到地方政府的制约。一些地方国有企业的整改往往会影响政府的政绩。政府自身也缺乏落实整改的激励。

2. 社会审计中的激励问题

2011年以后，我国国内的大中型会计师事务所已依法转制为特殊普通合伙的组织形式。特殊的普通合伙制对不同的审计责任进行了分类，在一定程度上保护了无过错合伙人。同时，这种组织形式更加注重审计质量的管控和责任约束。从有限责任制和普通合伙制转制为特殊的普通合伙制，提高了审计师的风险意识和谨慎执业程度，提高了审计质量。[①][②] 但是我国对特殊的普通合伙制中法律责任的规定还不够明确。例如，关于如

---

① 聂曼曼、肖浩、吴冕：《会计师事务所转制对审计质量的影响研究——来自上市公司的经验证据》，《南京审计学院学报》2014年第5期。
② 张雪华、陈小林：《特殊普通合伙制、客户潜在诉讼风险与盈余管理》，《当代财经》2015年第7期。

何判定重大过失和非重大过失并没有清晰的标准。我国的特殊普通有限合伙制在责任认定标准和风险补偿机制方面还需要加以完善。总体而言，我国对社会审计人员和机构的责任与惩罚机制较弱。在审计服务市场不完全的情况下，审计师能否获得审计业务并不完全取决于审计师的专业能力和审计质量，审计师与被审计企业的私人关系起到很大的作用。此外，在上一节关于审计监督制度的主要特征中，我们已经指出，会计师事务所的利润分配和薪酬结构不利于激励管理合伙人增加对事务所管理的投入以及审计人员关注审计工作的质量。

3. 内部审计中的激励问题

我国国有企业领导人员实行干部化管理，企业领导人员人力资本价值的增加主要来自政治上职位的升迁以及个人所负责的企业规模的扩大。因此，企业领导人员对内部审计服务于管理的自发的需求水平不高。内部审计服务于管理的职责的需求主要来自国有资产管理部门的推动。在内部审计的政府监督中，对内部审计检查的和监督的规定也比较笼统。负责监督检查的政府部门没有实施和加强监督的激励。由于责任机制不明确，内部审计部门、企业管理层、被审计单位以及国有资产管理部门等都缺乏推进内部审计整改和成果利用的激励。

五、审计监督的再监督问题

由于审计主体只是审计监督的代理人，其自身的目标与审计的最终委托人的目标并不一致，因此，需要对审计主体的监督行为实施再监督，以约束其机会主义行为。

1. 国家审计的再监督问题

我国目前没有专门的国家审计外部监督制度。相关的法律和法规虽然规定审计机关受同级政府和上级审计机关的领导，上级审计机关可以对下级审计机关的审计质量进行检查，但本级政府对审计机关没有建立正式的监督机制。由于没有规定具体的操作程序，上级机关业务繁忙，往往难以顾及对下级审计机关的检查。对国家审计机关的监督主要依靠审计机关、政府部门和人民代表大会及其常委会对审计报告的审查。但是相关法规并没有强制要求国家审计机关提交除专项审计调查和任期经济责任审计以外的国有企业国家审计的报告。我国的国家审计报告制度仅仅是一种政府内部的报告制度，而且这种内部报告制度在报告内容、报告程序、报告责任机制等方面还存在很大的缺陷，不利于国家审计作用的发挥。审计结果公告制度还处于低级水平，不能起到社会监督的作用。

2. 社会审计的再监督问题

如前所述，社会审计的政府监管力度较弱，会计师协会的行业自律机制尚未真正建立。我国的审计师声誉机制还没有完全建立起来。社会审计的司法监督还处于较低水平。对社会审计法律责任的司法实践存在重行政责任和刑事责任、轻民事责任的现象，对违法、违规的会计师事务所和注册会计师的处罚较轻。现行法律制度对民事诉讼的限制，也使社会审计民事赔偿制度形同虚设。由国资委对国有企业决算审计报告进行审查存在利益冲突的问题。由于大多数的审计报告没有公开披露，社会监督也难以发挥作用。

3. 内部审计的再监督问题

西方发达市场经济国家的内部审计是适应企业经营管理的需要而产生和逐渐发展起来的。对内部审计的监督主要依靠企业自我监督以及市场化的外部监督机制。我国国有企业的内部审计制度是在国家审计的推动下建立起来的。因此，政府管理部门主要是国资委在内部审计的监督中起着重要作用。相关法规规定，企业的年度内部审计工作计划和工作总结报告、重要子企业负责人和企业财务部门负责人的经济责任审计报告、对企业及其子企业负责人进行的专项经济责任审计报告，以及内部审计中发现企业重大问题的专项报告，应向国资委报备，由国资委对所备案的报告进行审查。[①] 由于国资委与国有企业之间是管理与被管理的关系，由其对国有企业的内部审计进行监督存在利益冲突的问题。此外，由于内部审计协会对国家审计机关存在较大的依赖性，独立的行业自律监管机制尚未形成，内部审计协会还不能发挥独立监督的作用。虽然2005年以来，中国内部审计协会开始引入国际内部审计协会的内部审计评估制度，但目前该制度还处于试点和初步推广阶段。从制度方面来看，相关的法规和准则还需要进一步完善。从实践方面来看，一方面，中国内部审计协会作为行业自律管理机构所制定的行业规则并不具有强制性；另一方面，由于国有企业内部

---

① 《中央企业内部审计管理暂行办法（2004）》、《关于加强中央企业内部审计工作的通知（2005）》。

审计本身还存在一个转型的问题,企业管理层对内部审计质量不够重视,因此企业本身没有推行内部审计评估制度的激励。

第四节
小结:问题的症结和出路

综上所述,国有企业审计监督制度绩效的影响因素可以分为两大类:第一类是审计机构和国有企业自身的管理模式。包括审计人员的胜任力、国有企业管理人员的管理水平以及审计机构和国有企业的人力资源与技术水平等。第二类是审计机构和国有企业的治理结构。从审计机构的治理结构来看,审计作为一种监督制度,其有效性首先取决于该制度自身机制的完善程度。这些机制至少应该包括审计制度主体的激励机制、维护审计主体独立性的机制以及审计监督的再监督机制等。审计监督制度自身机制的完善可以加强审计制度主体自身利益与审计监督制度目标的一致性。从国有企业的治理结构来看,国有企业的治理结构本身不完善也是国有企业审计监督制度问题的一个重要来源。因为审计监督制度的主体其实也是企业的治理主体,从广义上说,审计本身也是企业公司治理的一部分。当企业的治理结构存在问题时,必然会对审计监督制度产生影响。在以上两大类因素中,治理结构方面的因素是最根本的影响因素。管理方面的因素主要影响国有企业审计监督制度的审计范围和审计内容。治理结构方面的因素主要影响审计监督制度主体的行为模式。

国有企业审计监督制度的发展是与国有企业的发展水平相适应的。这主要体现在,从历史的角度来看,国有企业的发展是国有企业审计监督制度发展的重要动因。国有企业审计监督制度的变化和调整总是为了适应国有企业发展的需要,包括企业自身的需要和政府管理部门的需要。国有企业审计监督制度的发展和国有企业的发展的适应是动态的,二者之间呈现出一个从适应到不适应、再到适应的循环往复、不断调整的过程。国有企业审计监督制度存在的问题正是由于其与国有企业发展的水平不适应。而国有企业的管理模式和治理结构均取决于国有企业的发展水平。

根据内因和外因理论,从治理结构的角度,我们可以把国有企业审计机构自身的治理结构视作内因,把国有企业的治理结构以及国有企业的发展水平视作外因。国有企业的发展水平以及该水平下的国有企业治理结构通过影响国有企业审计机构的自身治理机制对国有企业审计监督制度的效果产生影响(见图4-1)。因此,在国有企业发展水平不变的情况下,解决国有企业审计监督制度的问题的基本途径就是完善审计机构自身的治理机制和国有企业的治理结构,使二者相适应。

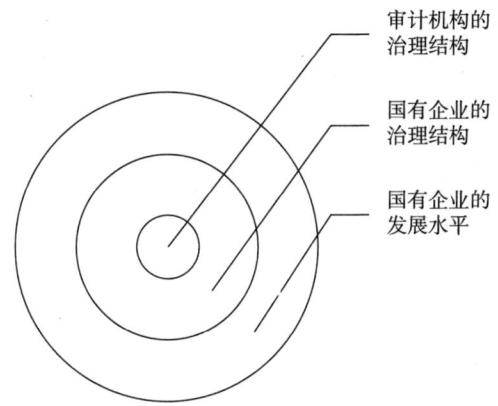

图4-1 治理结构对国有企业审计监督制度的影响机制
资料来源:笔者绘制。

第五章
国有企业审计监督制度与公司治理

在第二章第二节关于审计与公司治理的关系研究的文献综述部分，我们发现，审计发展的历史表明审计本质上是一种监督制度，外部审计源自股东和债权人对企业经营者监督的需要。审计在公司治理中具有重要的作用。外部审计与公司内部治理之间存在一定的关系，但这种关系是替代关系还是互补关系，目前的研究并没有给出确切的答案。公司治理与公司的内部审计职能之间也存在一定的联系。然而，这些研究都是针对一般商业公司的，而不是针对国有企业的。因此，有必要构建一个适用于国有企业的审计监督制度与公司治理关系的模型。

在第三章中，我们对各国的经验研究发现，国有企业审计监督制度的制度安排和国家对国有企业的控制力以及政府与国有企业的管理距离有关。而国家对国有企业的控制力以及政府与国有企业的管理距离正是国有企业公司治理结构的核心内容。

在上一章中，我们通过对中国国有企业审计监督制度实践的考察，发现了更多关于国有企业审计监督制度与国有企业公司治理之间关系的证据。

本章将对国有企业公司治理以及国有企业审计监督制度与国有企业公司治理之间的关系进行更加深入的解析。本章的研究将有助于加深我们对两者之间适应机制的理解，从而为发现和改进现实中国有企业审计监督制度的问题提供参照。本章的结构安排如下：第一节对国有企业公司治理进行了一个较为全面的分析;第二节至第四节分别对国家审计、社会审计和内部审计与国有企业公司治理的关系进行了详细的分析;第五节对全章进行了小结并提出了一个综合的关系模型。

第一节 国有企业公司治理

在深入解析国有企业审计监督制度与国有企业公司治理之间的关系之前,首先需要对国有企业公司治理进行一个全面的分析。

一、公司治理的内涵与外延

目前,学术界对公司治理存在多种定义。例如,Blair(1999)认为公司治理有广义和狭义之分。从狭义上来说,公司治理是指有关公司董事会的功能、结构、股东权力等方面的制度安排。从广义上来说,公司治理是指有关公司控制权或剩余索取权分配的一整套法律、文化和制度性安排,这些安排决定公司的目标,谁在什么状态下实施控制、如何控制,风险和收益如何在企业不同的成员之间分配这样一系列问题。① 钱颖一(1995)认为:"在经济学家看来,公司治理结构是一套制度安排,用以支配若干在企业中有重大利害关系的团体——投资者(股东和贷款人)、经理人员、雇员之间的关系,并从这种联盟中实现经济利益。公司治理结构包括:①如何配置和行使控制权;②如何监督和评价董事会、经理人员和雇员;③如何设计和实施激励机制。一般而言,良好的公司治理结构能够利

---

① [美]玛格丽特·M. 布莱尔等:《所有权与控制:面向 21 世纪的公司治理探索》,张荣刚译,中国社会科学出版社 1999 年版,第 22 页。

用这些制度安排的互补性质,并选择一种结构来降低代理人成本。"① 张维迎(1996、1999)认为:"公司治理结构就是这样一种解决股份公司内部各种代理问题的机制。它规定着企业内部不同要素所有者的关系,特别是通过显性和隐性的合同对剩余索取权和控制权进行分配,从而影响企业家和资本家的关系。"② "广义的公司治理结构与企业所有权安排几乎是同一意思,或者更准确地讲,公司治理结构只是企业所有权安排的具体化,企业所有权是公司治理的一个抽象概括。"③ OECD(2005)在其发布的《OECD 公司治理原则》中指出:"公司治理涉及公司的管理层、董事会、股东和其他利益相关者之间的一整套关系。公司治理也提供了一个框架,通过该框架来确立公司目标、决定实现目标的措施和绩效监控。良好的公司治理应该对董事会和经理层提供适当的激励,促使其追求符合公司和股东利益的目标并有利于有效的监督。"④

综合而言,本书认为公司治理是解决企业委托代理问题的一系列制度安排。公司治理可分为内部治理和外部治理。其中,内部治理是指企业内部的治理结构和治理机制,包括董事会、监事会、管理层等的设置和权力分配以及企业内部控制系统。外部治理是指企业外部的治理机制,包括股东、债权人、政府、社区以及其他外部利益相关者对企业经营管理当局的控制以及产品市场、公司控制权市场、经理人市场对企业的约束机制等。根据具体作用机制的不同,公司治理机制可以分为约束机制和激励机制。其中,约束机制是治理主体监督和限制企业经营管理当局的行为的机制;激励机制则是通过将部分企业剩余索取权让渡给企业经营管理当局,以促使其自发地约束自身行为的机制。无论是约束机制还是激励机制,其目标都是为了促使企业经营管理当局的目标函数与企业整体的利益相一致,从而实现企业的整体经营目标。

---

① 钱颖一:《中国的公司治理结构改革和融资改革》,载[日]青木昌彦、钱颖一《转轨经济中的公司治理结构》,中国经济出版社 1995 年版,第 133 页。
② 张维迎:《企业理论与中国企业改革》,北京大学出版社 1999 年版,第 25 页。
③ 张维迎:《所有制、治理结构及委托—代理关系》,《经济研究》1996 年第 9 期。
④ OECD:《OECD 公司治理原则》,张政军译,中国财政经济出版社 2005 年版,第 9 页。

二、基于利益相关者的公司治理模型

利益相关者是指能够影响一个组织的目标的实现,或者受到一个组织实现其目标的过程影响的所有个体和群体。[①] 企业的利益相关者包括股东、债权人、客户、雇员、监管部门、竞争对手、社会公众以及社会组织等(见图5-1)。根据利益相关者理论,所有的利益相关者都是企业的委托人,公司必须在不同利益相关者的利益之间取得平衡。这是因为公司与利益相关者之间的契约并不能很好地将所有的不确定性考虑在内。当企业遭遇变故时,所有的利益相关者多少都会承担一定的剩余风险。这种风险是由于这些利益相关者投资于企业所产生的,因此应该计算在公司经营的总风险之内。据此,公司的资源应该用来满足所有事实上投资于公司并承担风险的利益相关者的需要,相应地,就应当给予他们一定的剩余索取权和剩余控制权,将他们纳入公司治理之中,以确保其利益的实现。

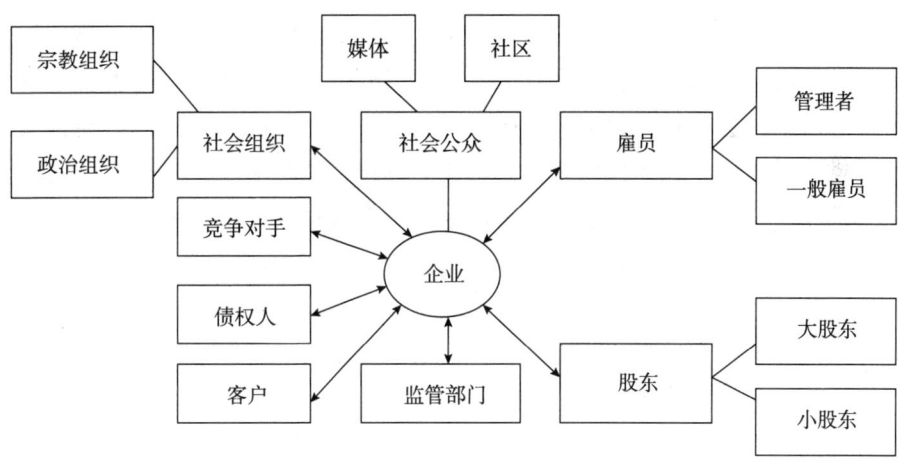

图 5-1 企业利益相关者示意图

资料来源:笔者绘制。

---

① 刘美玉:《企业利益相关者共同治理与相互制衡研究》,东北财经大学,博士学位论文,2007年,第41页。

但是，尽管各利益相关者对获得投资收益有着共同的偏好，对承担风险却没有共同的兴趣。同时，由于各利益相关者与企业的契约关系所体现出来的"相关度"不同，他们对于企业的关注程度也自然不同。因此，利益相关者是否有较强烈的愿望参与公司的治理过程，取决于企业利益相关者的权力高低及利益水平高低等问题，即权力和利益水平都低的利益相关者参与治理的努力程度最低，而权力和利益水平都高的利益相关者是公司治理的主要参与者。对于不同性质、不同类型的企业，其不同利益相关者的权力和利益水平是不同的，因此，参与治理的利益相关者也不同。

三、国有企业公司治理的特殊性

国有企业面临政府与企业之间的所有权安排。这导致与私营企业相比，国有企业的公司治理具有一些特殊的性质，主要体现在以下几个方面：第一，国有企业通常受到避免被接管和破产的保护，因此并不存在真正的国有企业控制权市场这一外部治理机制。第二，国有企业的会计制度和信息披露机制通常低于私营企业的标准。企业的财务报告和年报等一般仅向政府监管部门报告。这就导致除政府以外的其他外部利益相关者难以获得必要的信息并对企业施加影响。第三，国有企业的股东治理存在特殊的困难。国有企业的委托代理链条较长，且包括了政治层面和企业层面两种不同性质的委托代理关系。由于国家是一个虚拟的概念，国有企业通常没有明确的所有者。因此，国家难以对国有企业实施有效的治理。第四，国有企业的经营目标往往是多元的。一方面，政府赋予国有企业一定的社会性目标和公共性目标，如维持就业、协助实现政府的产业政策和区域经济发展政策等；另一方面，国有企业又要实现在企业资源使用方面的效率。因此，对国有企业的考核难以用单一的财务指标去衡量，而对非经济性的经营目标的考核也存在量化的困难。第五，国有企业缺乏来自产品市场和经理人市场的制约。国有企业的管理人员缺乏流动性，部分管理人员实行的是公务员的管理体制，因此并不存在对国有企业管理人员人力资本的市场评价机制。此外，国有企业所处的行业一般具有垄断的性质，其产品市场也难以对企业形成有效的外部约束机制。第六，由于其他外部利益相关者难以实现参与治理的功能，而政府作为唯一强势的外部治理主体又存在所有权缺位和多重代理问题，所以国有企业特别是转轨经济体中的国有企业通常存在较为严重的内部人控制问题。这就导致国有企业管理层对企业内部事务拥有绝对的控制权和私有信息。企业职工缺乏流动性和企业缺乏外部市场约束导致国有企业文化具有封闭性和官僚制的特征。这些都导致企业内部治理机制难以发挥有效的作用。

以上关于国有企业公司治理特殊性的特征事实表明，国有企业的内部治理机制和外部治理机制都存在难以克服的困难。从激励机制方面来看，难以对国有企业经理人的个人努力程度及与之相关的工作绩效进行考核并作为实施激励的基础；从监督机制方面来看，内部人员缺乏监督的直接动机，外部人员不仅缺乏必要的监督信息，而且存在"搭便车"和监督监督者等问题。这就需要对现行的国有企业公司治理结构和机制进行改良。一种方式是采取市场化和商业化经营，将政府对国有企业的影响降到最小。这包括引入外部股东和上市，打破国有企业对行业的垄断，对国有企业的经理人和职工实施市场化选聘、考核和薪酬机制，允许国有企业实行常规性破产，减少国有企业股权转让和并购的障碍等。另一种方式是加强外部利益相关者对国有企业的监督和控制。这包括向企业派出监督人员，在企业董事会和监事会中引入外部利益相关者的代表，要求国有企业实行更为严格的信息披露标准以增强透明度等。

四、审计在国有企业公司治理中的地位和作用

公司治理是一种制度安排，因此也属于制度的范畴。审计监督制度产生的根源就是为了解决企业的委托代理问题，因此审计监督制度属于公司治理制度。但是在很长的时间里，审计在各国国有企业公司治理中的作用并没有得到重视。一部分原因是审计组织和实施的技术与管理还没有发展到相应的水平。另一部分原因是，在国有企业出现和发展的早期阶段，政府更倾向于对国有企业实行直接的控制和管理，因而较少通过专业的审计机构来获取关于企业财务真实合法性以及管理有效性的信息。近年来，这两个方面的条件已经出现了变化。随着审计技术的进步，社会审计和内部审计在非国有企业中的作用得到了空前的重视。社会审计和内部审计在技术与管理方面的新发展被引入国家审计，从而提高了国家审计的专业化和

职业化水平。这种加强审计监督的历史发展潮流最终波及了国有企业。与此同时,新公共管理运动的兴起导致政府逐渐减少了对国有企业的直接管理,在国有企业的私有化进程中国有企业被要求与政府保持一定的距离,以降低政治对企业的影响。这就要求增加其他的制度安排来弥补政府直接监督的弱化所带来的影响,审计在国有企业监督方面的应用由此得到了加强。

2002年,国际内部审计协会在其向美国国会提交的关于《萨班斯—奥克斯莱法案》的意见陈述书中指出,董事会、高层管理人员、外部审计和内部审计是有效的公司治理的四大基石。2005年,OECD在其发布的《国有企业公司治理指引》中指出,为了增进国有企业的信息披露和透明度,国有企业的年度财务报告应该依据高质量的审计标准进行独立的外部审计。国家对国有企业专门的控制程序不能代替独立的外部审计。国有企业应该建立内部审计制度,制定有效的内部审计程序。内部审计应直接向董事会及其下属审计委员会或相应的治理机关报告并受其监督。

从利益相关者治理的角度来看,审计监督制度在国有企业公司治理中的作用主要体现在,它为国有企业的所有利益相关者提供了关于企业财务和经营状况的客观评价,从而节约了利益相关者的监督成本。利益相关者可以从审计机构的审计报告和审计结论中获知企业是否正常运营,而不必涉足具体的监督事宜。只有当发现企业经营的异常情况时,才需要采取进一步的调查行动。另外,审计监督制度也为企业管理层建立了一个与外部利益相关者沟通的桥梁。高质量的审计报告和良好的审计结论记录有助于企业获得融资和其他经营方面的优势。一个明显的例子是国有上市公司,其审计质量起到了向证券市场发送关于企业经营情况的信号的作用,并对企业的市值产生一定的影响,从而对企业管理层形成了约束。

第二节
国家审计与公司治理

在这一节以及接下来的两节，我们将以国有企业公司治理为出发点，分别分析国有企业公司治理的不同治理机制对国有企业审计监督制度的影响。

一、国有资产管理与国家审计

国有资产管理模式对国家审计的影响主要体现在国有资产管理机构与政府的关系方面。当国有资产管理机构依附于政府时，采用行政型领导体制的国家审计就会出现政府自己审计自己的情况，国家审计很难真正审计到位。当政府本身缺乏来自上位机关的监督，同时政府的政绩又与国有企业的经营情况挂钩时，政府就缺乏对加强国家审计和审计落实整改以及加强国家审计监管的激励。

二、管理层激励与国家审计

当管理层的激励主要来自政治职位的升迁时，将国有企业的国家审计与管理层政治职位的升迁联系起来可以加强国家审计的实施效果。例如，我国的国有企业领导人经济责任审计。但是实现这一效果有两个必要的前提：一是国家审计的结果真实有效。二是国家审计的结果对管理层的考核和职位升迁具有显著的影响。

第三节
社会审计与公司治理

一、国有资产管理与社会审计

各国国有企业的社会审计机构一般由国有资产管理部门选任。例如，美国对政府公司的财务报表审计由政府派驻公司的总监察长负责选任，只有在总监察长放弃选任权的情况下，才由公司管理当局选任。德国对依据私法注册的公共企业的年度决算审计，由主管联邦部门与联邦审计署选任审计师。在印度，对于按照公司法成立的国有企业的财务审计，由政府主管部门根据主计审计长的建议指定注册会计师。因此，国有资产管理部门与国有企业的独立性就会对社会审计的独立性产生影响。当国有资产管理部门本身受到上级国有股权代理人的严格监督时，该部门就能够在选任国有企业社会审计机构时保持独立性。此外，独立的国有资产管理部门也会更加有动力实施对国有企业社会审计的监督和审查。

二、管理层激励与社会审计

当管理层的长期个人收益严格依赖于企业经营管理水平的提高时，管理层就有激励自觉地增加对企业经营管理的投入，减少或杜绝机会主义行为，同时积极配合社会审计的工作并主动提高社会审计的透明度。反之，当管理层缺乏上述激励，同时国有资产管理部门、董事会等其他治理机关对管理层缺乏有效的监督机制时，管理层就会有动机采取会计造假和购买审计意见等行为，从而影响社会审计的质量。

三、股权结构与社会审计

股东是社会审计报告的最重要的使用者。股权结构会影响对高质量的社会审计的需求。根据股权结构的不同,我们可以把国有企业分为两类:一类是国有独资企业,另一类是国有控股企业。根据控股程度的不同,又可以将国有控股企业分为绝对控股企业和相对控股企业。对于国有独资企业,由于国有股东代表可以通过其他渠道获得关于企业财务和经营情况的信息,其本身并没有实施高质量的社会审计的激励。尤其是在国有股东与管理层实现了共谋,而又缺乏对国有股东的有效监督时,这一问题就会更加突出。对于国有控股企业,当存在可以制衡国有控股股东的其他大股东时,其他大股东可以监督国有股东的机会主义行为,从而加强社会审计监督制度的实施效果。当不存在其他股东对国有控股股东的制衡机制时,国有控股股东就丧失了对加强社会审计的激励,如果没有其他外部监督机制能够抵消这一影响,则社会审计的质量就会下降。

四、信息披露与社会审计

信息披露也是公司治理中影响社会审计质量的一项重要机制。对社会审计实施严格和严密的强制性信息披露,将加强社会公众、监管机构以及其他社会组织和企业外部的利益相关者对企业社会审计的监督,从而防范社会审计的审计意见购买等行为。OECD(2005)指出:"国有企业应该像上市公司一样依照高质量的会计和审计标准。大型国有企业或上市的国有企业应按照国际上认可的高质量标准披露财务和非财务方面的信息。"

第四节
内部审计与公司治理

一、董事会与内部审计

一般来说，隶属层级越高，内部审计机构的独立性就会越强，也就越有利于其履行监督职能。但是，内部审计机构监督职能的履行也会受到公司治理结构的影响和制约。例如，在董事会本身缺乏独立性，或者总经理与董事长两职合一的情况下，总经理对董事会具有绝对的控制权，内部审计的独立性就会被削弱，其监督管理层的目标就很难得到实现。英、美等国的企业实行的是以市场为主导的治理结构，股东较为分散，董事会是公司的代表机关，对公司的经营管理负责，多数公司的董事长与总经理由一人兼任。此时，如果仅由管理层或董事会来领导内部审计机构，内部审计就很难起到监督管理层的目的。在安然事件之后，监管部门加强了审计委员会的职能，即要求由独立董事组成的审计委员会对企业的内部审计负责，并加深了审计委员会的责任，以缓冲原有的公司治理结构对内部审计独立性的不利影响。

二、监事会与内部审计

内部审计也可以隶属于监事会。监事会是代表股东监督董事会和管理层的专门机关。理论上，内部审计机构隶属于监事会，可以独立于董事会和管理层，能够实现真正的地位的超脱，内部审计的监督权能够得到更加充分的保障。在德国，监事会属于董事会的上位机关，除对董事会履行监督职能外，还对董事的任免和考核拥有决策权。因此，监事会本身作为股东的代表能够对企业的治理发挥强力而有效的作用。内部审计机构隶属于监事会将具有较高的独立性，能够有效履行其监督管理层的职能。但是由于监事会不履行企业经营管理的职能，隶属于监事会的内部审计机构往往更加侧重于监督职能，而在改善企业经营管理和提高经济效益方面则难以发挥作用。在中国，监事会是与董事会平行的治理机关，二者共同向股东（会）负责。监事会人员的素质低于董事会，监事会主席的职务往往低于董事会主席，监事会的经费和监事会人员的工资等都由董事会决定，加之法律没有赋予监事会监督董事会的实权，监事会本身存在治理能力不足的问题。因此，内部审计隶属于监事会并不是一项合理的制度安排。

三、国有资产管理与内部审计

国有资产的管理模式是影响内部审计职责的重要因素。对于准政府型的国有企业，企业的管理受到政府国有资产管理部门的严格限制，企业管理的手段比较有限，企业管理层对企业经营管理的自由裁量权较少。与商业性企业相比，企业自身没有太多的管理职能，因此内部审计服务于管理的职责也较弱。反之，对于商业性国有企业，其管理的内容和手段都在不断发展，需要内部审计发挥咨询的作用以促进企业管理能力的提升，从而使企业在竞争中立于不败之地。咨询和为管理服务就成为内部审计的重要职责。受国有资产管理体制的制约，我国国有企业在企业经营管理方面受到国有资产管理部门的诸多限制。企业经营中的一些重大事项，如企业投融资、国际化、工资总额、高管薪酬和激励措施、人员编制等各方面都需要国家管理部门的审批，企业商业化经营的水平较低。国有企业自主经营和管理职能的相对弱化导致了其内部审计的职能在管理审计方面的弱化和在合规审计方面的强化。

此外，国有资产的管理模式也会影响国有资产管理机构与国有企业的独立性，从而对国有企业内部审计的监管产生影响。当国有资产管理机构对国有企业行使大量的管理职能时，特别是该机构负责国有企业领导人员的选聘和考核时，由其对国有企业内部审计进行监管就会存在内部审计被弱化的风险。

四、管理层激励与内部审计

管理层激励与内部审计的关系主要体现在两个方面：一方面，管理层激励会影响内部审计的职能。当管理层激励促使管理层与企业的利益目标一致性较高时，股东等外部利益相关者无须对加强内部审计的监督职能施加压力，内部审计主要服务于企业的经营管理，其监督职能较弱；反之，则内部审计的监督职能较强。另一方面，管理层激励也会对内部审计的实施和落实整改产生影响。当国有企业管理层个人收益与企业的经营管理绩效存在较大的关系时，管理层存在改善企业管理的激励，内部审计的实施就会得到管理层更多的支持，其落实整改水平也会得到提高；反之，当国有企业管理层的个人收益与企业的经营管理绩效关联度较低时，其改善企业管理的激励就较弱，内部审计的实施和落实整改就会比较困难。例如，当管理层的激励主要来自政治地位的提升，而企业经营管理水平的提高对其政治职位的升迁影响不大时，管理层就会减少对内部审计的支持。这也是当前我国国有企业的内部审计普遍不能得到管理层重视的一个重要原因。

五、股权结构与内部审计

对于缺乏股权制衡的国有独资企业，其代理问题主要体现为国有股东与企业管理层之间的矛盾。当企业管理层的激励不足，而外部监督难以实现对企业管理层的有效控制时，国有股东就会要求通过内部治理包括内部审计来加强对企业管理层的监督，因而内部审计的监督职能就会得到强化。对于国有控股企业，其代理问题除了股东与管理层之间的矛盾之外，还存在国有控股股东与其他股东之间的矛盾。如果股权制衡度较高，存在可以与国有控股股东相抗衡的其他大股东，则大股东在董事会和股东会中就会形成一种相互监督的机制，管理层与所有大股东共谋的成本较高，可能性较低，对内部审计监督职能的要求就较弱。如果股权制衡度较低，对国有大股东缺乏制衡，管理层与国有大股东容易形成共谋，则此时只有增强内部审计与国有大股东之间的独立性,才能保证内部审计的监督作用。①

第五节
小结:一个综合的关系模型

本章的研究表明,国有企业公司治理是影响国有企业审计监督制度有效性的重要因素。国有企业公司治理对不同的国有企业审计监督制度的影响机制不同。其中,国有企业公司治理对内部审计监督制度影响的机制最为复杂,社会审计监督制度次之,国家审计受国有企业公司治理影响的机制则较为单一。在所有的国有企业公司治理因素中,对国有企业审计监督制度影响最大的是国有资产管理体制,其次是管理层激励机制。能够增进国有企业审计监督制度效果的国有企业公司治理因素包括独立于政府和国有企业并受到严格监督的国有资产管理机构,能够加强管理层利益与企业整体利益一致性的激励机制,对大股东的有效制衡与监督机制,独立的董事会和监事会以及良好的信息披露和透明度等。这些也正是国际公认的公司治理最佳实践所包含的内容。也就是说,有效的国有企业审计监督制度是建立在良好的国有企业公司治理的基础之上的。

此外,国有资产管理体制还会影响国有企业国家审计与内部审计的审计职责和内容。

公司治理中影响国有企业审计监督制度的因素归纳如表5-1所示。

---

① 在第二章文献综述部分,我们提到国际内部审计协会对私营企业的研究表明,股权越集中则内部人控制力度越强,外部监督机制的效率越低,因而要求内部审计能够以查错防弊为主要目标,偏重于确认服务;反之,则偏重于咨询服务。但这一规律并不能直接应用于对国有企业的分析。

表 5-1　公司治理中影响国有企业审计监督制度的因素

	国家审计	社会审计	内部审计
董事会（及其审计委员会）			√
监事会			√
国有资产管理体制	√	√	√
管理层激励	√	√	√
股权结构		√	√
信息披露		√	

资料来源：笔者整理。

第六章
国有企业分类改革与审计监督

在上一章中,我们分析了国有企业的不同治理机制对国有企业审计监督制度的影响。但是,国有企业的治理结构是一个整体,不同的治理机制之间是相互联系和相互影响的。在现实中,国有企业的治理机制总是共同作用于国有企业审计监督制度。本章我们将在国有企业分类改革的情境下,对不同类国有企业的治理机制与国有企业审计监督制度进行一个综合性的分析。本章的第一节对国有企业改革和分类治理进行了分析;第二节至第四节分别对公益性、商业性和功能性国有企业的公司治理与审计监督制度的制度安排进行了研究。第五节对全章进行了小结。

第一节
国有企业改革与分类治理

一、国有企业分类治理问题的提出

一直以来,中国国有企业采取"一刀切"的治理方式,即所有国有企业均采用单一的治理模式，而且这种治理模式主要是针对商业性国有企业制定的。在这种模式下，一方面原本应发挥公益功能的国有企业采用了一般商业性国有企业的治理机制，对企业和企业领导人员的考核以企业盈利性指标为主，企业的公益性目标难以得到真正实现；另一方面，一些适用于公益性国有企业的治理机制被应用于一般商业性国有企业，导致政府对企业出现过度监管，侵犯了企业的经营自主权，损害了企业商业化经营的基础。2013年11月12日，中国共产党第十八届中央委员会第三次全体会议通过的《中共中央关于全面深化改革若干重大问题的决定》明确提出要准确界定不同国有企业的功能，进一步深化国有企业改革。这标志着国有企业按功能实行分类治理成为新一轮国有企业改革的方向。由于国有企业分类是本轮国有企业改革的前提和基础，此次会议之后，中央和地方层面的国有企业分类改革迅速进入筹备阶段。关于如何分类治理，也引起了业界和学界的热议。

二、国有企业分类治理的主要观点

学术界关于国有企业分类治理的主要观点大体可以分为两类：第一类观点主张将中国的国有企业分为公益类和商业类两类；第二类观点主张将中国的国有企业分为公益类（或公共类）、特定功能类和商业类（或商业竞争类）三类。第二类观点在思想层面处于主导地位，在实践中的认可度也较高。以下分别介绍该类观点中的几个代表性研究成果：

1. 上海国有资本运营研究院的观点

上海国有资本运营研究院《国有企业分类监管研究》课题组（2013）①针对上海市设计了分类方案。该方案提出了指导国企分类的"CFP三维分类"模型，从资本构成（Capital，包括国有独资、绝对控股和相对控股三类）、功能定位与核心目标（Function，利润最大化、社会公益和特殊政策职能）、产品定价（Price，市场定价、政府核准价）三个方面对国有企业的"社会性"与"经济性"倾向进行量化评价（见表6-1）。建议以此为依据，将国有企业从总体上分为公益型、市场型

---

① 上海国有资本运营研究院《国有企业分类监管研究》课题组：《国有企业分类监管政策建议》，《东方早报》2013年3月12日第C04版。

和介于两者之间的混合型三类。其中，混合型企业是其他两类之外的企业，主要集中于出资监管第一层面。在此类国企中，有的处于自然垄断或行政垄断领域，以国有独资或绝对控股为主，组织管理上模仿标准的公司治理结构，但有的尚未真正实现政企分开，有时可有必要的财政补贴或特种税收；有的主要任务是生产"准公共用品"或某些特殊的私用品，产品价格与成本有较大的相关性，多采取政府核准定价或政府指导定价方式。对混合型企业可以通过细化评价指标等方式进一步明确其"社会性"和"经济性"倾向，并将其最终归为准公益类和准市场类。今后在国资委出资第一层面的企业下属子公司层面（也就是第二层面）不再有混合型企业，将通过资产重组进行明确定位。

表6-1 国有企业的分类标准

	资本构成	功能定位与核心目标	产品定价	具体包括的企业类型
公益型	国有独资	主要提供公共产品与服务	政府核准定价	承担市政建设的；承担政府特殊任务的；具有政府补贴提供民生产品的
市场型	国有资本绝对或相对控股	提供竞争性产品与服务	充分市场定价	竞争性较强的行业，政企已分开

资料来源：笔者整理。

该课题组还提出不同类型国有企业应采用不同的政府监管方式（见表6-2）。

表6-2 不同类型国有企业的监管

	监管主体	监管重点	监管方式	目标与考核
公益型	出资人机构+公益产品立项和资金来源部门（如发改委和财政部门）	政府项目计划执行进度，资金使用情况，完成情况（政府部门监管）；治理制度的规范和有效性（出资人机构监管）	建立和完善治理结构	目标：社会效益最大化 控制指标：项目计划、成本、效率、服务质量、工期进度

续表

	监管主体	监管重点	监管方式	目标与考核
市场型	出资人机构按照《公司法》实施股权监督	国有资本布局结构合理化和增值性（出资人机构监管）	发挥董事会的治理核心作用，采用商业化治理模式	目标：资本价值最大化 控制指标：资本回报率、税后净利润、EVA等盈利性指标
混合型	出资人机构监管为主+政府有关部门适度监管	治理制度的规范和有效性（出资人机构监管），第二层公司重组，不再有混合型（划分为准公益型和准市场型）	建立和完善治理结构，保留对企业主要负责人的管理和评价，引入外部监管和市场化运行机制	目标：资本收益、财务回报+特定社会目标 控制指标：财务绩效+超额利润，提高分红上缴比例

资料来源：笔者整理。

2. 黄群慧和余菁的观点

黄群慧和余菁（2013）① 提出按企业使命对国有企业加以分类的方案。他们认为，实现国家赋予的使命——"国家使命"是国有企业生存发展的理由。根据企业使命的差异可将国有企业区分为公共政策性（公共企业）、特定功能性（具有混合特征的）和一般商业性（即通常所说的竞争性企业）三种类型，并实行差异化的治理机制和改革政策。他们还指出，每种类型的国有企业的角色定位应趋于纯净化；分类应具有动态性，在实践层面应具体根据"国家使命"的要求，结合企业历史沿革、具体业务特征和企业自身的改革意愿进行分类调整。他们使用该分类方法对目前国资委管辖的115家中央企业进行了初步分类，并且指出实践中具有可操作性的做法应该是由国资管理部门基于"国家使命"要求和企业特性逐一与中央企业进行谈判与协商。国有企业的分类改革与治理如表6-3所示。

---

① 黄群慧、余菁：《新时期的新思路：国有企业分类改革与治理》，《中国工业经济》2013年第11期。

表 6-3　国有企业的分类改革与治理

企业类型＼治理特征	企业使命	适用法律	股权结构	资产管理
公共政策性企业	弥补市场缺陷、以是否完成国家赋予的具体政策目标为核心考核指标的"公共政策"导向	针对企业的单独立法	国有独资	严格预算管理
特定功能性企业	巩固社会主义基本经济制度和发挥在国民经济中的主导作用	专门针对其具体功能的管制法规	国有绝对控股、股权有限多元化	一般预算管理，在履行特殊功能条件下适度追求股权投资收益
一般商业性企业	以国有资产保值增值为核心考核指标的"市场盈利"导向	公司法	股权相对多元化	不存在政府预算管理，股东享受股权投资收益

资料来源：黄群慧、余菁：《新时期的新思路：国有企业分类改革与治理》，《中国工业经济》2013 年第 11 期。

3. 高明华的观点

高明华（2013）[①] 指出，可以从两个维度对国有企业进行分类（见表 6-4）。一是目标维度，是公益导向还是利润导向；二是经营维度，是垄断还是竞争。由此形成三类国有企业，即公益性国有企业、垄断性国有企业[②]和竞争性国有企业。公益性国有企业是提供公共产品和公共服务的国有企业。垄断性国有企业具体又包括自然垄断类国有企业和稀缺资源类国有企业。竞争性国有企业的存在主要基于三点考虑：一是实现政府调控经济的职能；二是维护经济稳定；三是加快产业结构的调整和优化。不同类型国有企业适用不同的股权结构和治理机制安排（见表 6-5）。

[①] 高明华：《论国有企业分类改革和分类治理》，《行政管理改革》2013 年第 12 期。
[②] 在金辉和高明华（2013）的研究中，垄断性国有企业被称为适度经营性国有垄断企业。参见金辉、高明华：《国有企业分类改革和治理是必然趋势》，《经济参考报》2013 年 10 月 18 日第 8 版。

表 6-4　基于两个维度的国有企业分类

经营维度＼目标维度	公益导向	利润导向
垄断	公益性国有企业	垄断性国有企业
竞争	无	竞争性国有企业

资料来源：笔者整理。

表 6-5　不同类型国有企业的股权结构与治理机制安排

	股权结构和治理机制
公益性国有企业	①国家独资；②专门立法，不适用一般商法和公司法；③财政维持，不负盈亏；④政府控制定价；⑤强制性信息披露和高度的透明度；⑥公众参与决策与监督；⑦对高管的评价以成本控制水平和公众满意度为基础；⑧高管薪酬参照公务员标准，激励来自政治地位的提升
垄断性国有企业	①国有独资；②对于自然垄断类，不允许股权多元化和上市，高管评价与公益类相同；③对于稀缺资源类，产品由市场定价，国家征收高额资源税，利润必须全额上缴，高管评价以成本控制水平和利润水平为基础；④信息披露，公众代表参与董事会决策，董事会集体决策，高管薪酬与激励等与公益类相同
竞争性国有企业	①国有股比例由市场决定；②政府作为出资人代表，只负责监督从企业获取足额收益（股息红利）；③完全按照现代公司治理的基本规范；④企业必须按市场原则足额按时向国家上缴股息红利；⑤高管薪酬完全由董事会根据经理人市场规律和高管贡献来决定，高管不再享有公务员的行政级别和待遇

资料来源：笔者整理。

高明华等（2013）① 对三家央企和四家地方国企进行了深度访谈，发现以上分类方法在调研企业的认可度很高。虽然企业的业务中均存在一定的竞争性业务和垄断性业务，但根据企业的整体经营情况，企业能够明确自身的类别。调研企业在收入来源包括获得政府补贴和企业自身盈利方面

---

① 高明华等：《国企分类改革新思路》，企业观察网，http://www.cneo.com.cn/info/2013-10-23/news_4002.html，2013 年 10 月 23 日。

与研究人员的分类预期基本一致。调研企业高管一致认为涉及巩固执政基础的企业必须国有控股,不涉及执政基础的企业应当引入民营资本或外资,但重在通过引资改变企业经营管理的机制和理念。部分公益性国有垄断企业的高管对该类企业功能性质的认识存在误区,认为无论是公益性还是竞争性企业,其根本目标就是盈利,应走完全市场化道路,而这与公益性企业的责任和功能是相悖的。

三、国有企业分类治理的改革实践

2015年12月7日,国务院国有资产监督管理委员会、财政部、国家发展和改革委员会联合发布了《关于国有企业功能界定与分类的指导意见》(以下简称《意见》)。《意见》立足国有资本战略定位和发展目标,结合不同国有企业在经济社会发展中的作用、现状和需要,根据主营业务和核心业务范围,将国有企业分为商业类和公益类。[①] 其中,商业类国有企业又被划分为两类:一类是主业处于充分竞争行业和领域的商业类国有企业,另一类是主业处于关系国家安全、国民经济命脉的重要行业和关键领域,主要承担重大专项任务的商业类国有企业。同时规定,地方政府和国有资产监督管理机构可以结合实际合理界定本地国有企业的功能类别。[②]

目前,各省、直辖市和自治区的国有企业分类改革已经陆续展开。从具体实施方案来看,多数地方国资委将出资企业分为三类,即竞争类、功能类和公共服务类。也有地方将前两类分别称为商业一类和商业二类。所分类别与《意见》中的分类基本一致(见表6-6)。

[①] 《关于国有企业功能界定与分类的指导意见》有关问题答记者问,国资委网站,http://www.sasac.gov.cn/n85881/n85901/c2169614/content.html,2015年12月29日。

[②] 国资委、财政部、发展改革委:《关于国有企业功能界定与分类的指导意见》,中国政府网,http://www.gov.cn/xinwen/2015-12/29/content_5029253.htm,2015年12月29日。

表 6-6　各省、直辖市、自治区国有企业分类情况

	政策文件	所分类别
北京市	《关于全面深化市属国资国企改革的意见》	竞争类、特殊功能类、城市公共服务类
上海市	《关于进一步深化上海国资改革促进企业发展的意见》	竞争类、功能类、公共服务类
天津市	《关于进一步深化国资国企改革的实施意见》	竞争类、功能类、公共服务类
重庆市	《关于市属国有重点企业功能界定与分类的通知》	商业一类、商业二类、公益类
广东省	《关于深化省属国有企业改革的实施方案》	准公共性企业、竞争性企业
江苏省	《关于全面深化国有企业和国有资产管理体制改革的意见》	一般竞争类、特定功能类、公共服务类
浙江省	《关于进一步深化国有企业改革的意见》	竞争类、功能类、公共服务类
山东省	《山东省省属国有企业功能界定与分类方案》	商业一类、商业二类、公益类
安徽省	《关于深化国资国企改革的实施意见》	商业类、公益类
贵州省	《监管企业产权制度改革三年行动计划》	竞争类、功能类、公共服务类、参股企业
河北省	《关于深化地方国有企业改革的实施意见》	商业类（又分为主业处于充分竞争行业的商业类国有企业和承担重大专项任务的商业类国有企业）、公益类
陕西省	《关于省属企业实施分类管理的意见》	竞争类、功能类、公共服务类
山西省	《关于进一步深化国资国企改革的意见》	竞争类、功能类、公共服务类
河南省	《国有企业功能界定与分类的指导意见》	商业一类、商业二类、公益类
湖南省	《关于进一步深化国有企业改革的意见》	竞争类、功能类、公益类
湖北省	《关于深化国有企业改革的实施意见》《关于公布省出资企业功能界定与分类的通知》	商业类（又分为充分竞争的商业类和承担重大专项任务的商业类）、特殊功能类
甘肃省	《关于深化国有企业改革的实施意见》	商业类（又分为充分竞争的商业类和承担重大专项任务的商业类）、公益类
云南省	《关于云南省国有企业分类监管的实施意见》	商业一类、商业二类、公益类

续表

	政策文件	所分类别
四川省	《关于省属企业功能界定与分类监管的指导意见（试行）》	竞争类（又分为竞争一型、竞争二型）、功能类（又分为功能一型、功能二型）
江西省	《关于进一步深化国资国企改革的意见》	竞争类、功能类、公共服务类
福建省	《关于深化国有企业改革的实施意见》	商业一类、商业二类、公益类
黑龙江省	《关于全面深化国资国企改革的意见》	竞争类（又分为战略竞争和一般竞争两类）、功能类、公益类
辽宁省	《关于进一步深化全省国资国企改革的意见》	竞争类、功能类、公益类
吉林省	《关于深化国有企业改革的意见》	竞争类、功能类、公益类
青海省	《关于深化国资国企改革的指导意见》	竞争类、功能类、公共服务类
广西壮族自治区	《关于全面深化我区国资国企改革的意见》	竞争类、功能类、公益类
宁夏回族自治区	《关于深化自治区属国有企业改革的实施意见》	竞争类、公益类
内蒙古自治区	《关于深化国有企业改革的实施意见》	商业竞争类、特定功能类、公益类

资料来源：笔者整理。

第二节
商业性国有企业审计监督制度

目前，被划为商业性国有企业的企业主要分布在商贸、地产、钢铁、能源、化工、有色冶金、装备制造、金融、文化旅游等行业。该类国有企业与《意见》中规定的"商业类国有企业"中的"主业处于充分竞争行业和领域的商业类国有企业"相对应。

一、商业性国有企业的治理特征

1. 企业的经营目标

《意见》规定，商业性国有企业"以增强国有经济活力、放大国有资本功能、实现国有资产保值增值为主要目标"。与其他两类国有企业相比，商业性国有企业的特点是，其不以促进公共福利和执行政府政策为经营目标。这使其与一般的私营企业更为近似。

2. 企业的经营机制

《意见》要求商业性国有企业"按照市场化要求实行商业化运作，依法独立自主开展生产经营活动，实现优胜劣汰、有序进退"。此外，作为企业，商业性国有企业是"独立的市场主体，其经营机制必须适应市场经济要求；作为社会主义市场经济条件下的国有企业，必须自觉服务国家战略，主动履行社会责任"。目前，我国的国有企业在商业化运作方面还不够成熟，主要是由于历史的原因，政府及其相关机构对这些企业的管理仍然过多，企业习惯有问题找政府。为实现真正的商业化运作，必须进一步规范政府与企业之间的关系。

3. 股权结构

《意见》规定，商业性国有企业"要按照市场决定资源配置的要求，加大公司制股份制改革力度"。根据市场竞争程度的不同，商业性国有企业又可以分为处于充分竞争行业和领域的商业性国有企业与处于自然垄断行业的商业性国有企业。对于前者，《意见》规定，"原则上都要实行公司制股份制改革，积极引入其他资本实现股权多元化，国有资本可以绝对控股、相对控股或参股，加大改制上市力度，着力推进整体上市"。对于后者，《意见》规定，"对需要实行国有全资的企业，要积极引入其他国有资本实行股权多元化"。在实现企业商业化运作之后，政府对商业性国有企业的股权流通不应再施加限制。具体采用何种股权结构，应由企业的出资人按照商业原则自主协商。

4. 国有资产监管

《意见》规定，对商业性国有企业的国有资产监管应以管资本为主，监管的重点为"管好国有资本布局、提高国有资本回报、规范国有资本运作、维护国有资本安全"。并指出，应"建立健全监督体制机制"，包括"依法依规实施信息公开，严格责任追究"等，以防止国有资产流失。其中，应"重点加强对集团公司层面的监管"。

在对企业的考核方面，《意见》指出，"要根据企业功能定位、发展目标和责任使命，兼顾行业特点和企业经营性质，明确不同企业的经济效益和社会效益指标要求，制定差异化考核标准，建立年度考核和任期考核相结合、结果考核与过程评价相统一、考核结果与奖惩措施相挂钩的考核制度"。重点考核三个方面，即"经营业绩指标、国有资产保值增值和市场竞争能力"。

5. 企业内部治理

《意见》规定，商业性国有企业的董事会"依法行使重大决策、选人用人、薪酬分配等权利"，经理层拥有经营自主权。商业性国有企业将"积极推行职业经理人制度"。实行职业经理人制度以后，将由董事会自主选聘和考核经理层，并与经理层签订聘用合同与绩效合同。经理层的薪酬按市场化原则确定，经营业绩和薪酬水平将与市场对标。实行市场化选聘后，经理层摆脱了"干部"身份，企业的经营绩效与经理层的收入直接挂钩。董事会是商业性国有企业内部治理的核心，应加强董事会的独立性。

二、商业性国有企业的审计监督

商业性国有企业的数量目前占国有企业的比重较高。该类企业国有资本的比重也较高，约为60%。未来，在商业性国有企业所属行业发展成熟、私营企业大量进入市场并成为市场主体后，国有资本将逐步从商业性国有企业中退出，国有资本的比重将逐步减少。一些地方政府甚至规定，商业性国有企业中的国有资本将完全退出。因此，对于非国有控股的国有资本参股企业，国有股东的主要目标是获得投资收益。对于该类企业，应逐步实现与非国有企业审计监督制度的趋同，由企业自主委托社会审计机构对其进行审计。内部审计的具体模式也应由企业根据自身情况来选择。但是在混合所有制改革完成之前,还存在相当多的国有独资和国有控股的商业性企业。对于这些企业,在企业经营机制和经理层激励机制转变之前,还应在完善社会审计的基础上加强国家审计的力度。同时,在国家审计方面,应重点发展和实行绩效审计,尤其是对混合所有制改革实施过程的审计。在企业经营机制和经理层激励机制向市场化转变之后,对该类国有企业应以社会审计为主,同时加强国家审计对社会审计质量的抽查。随着国有资本在企业中的比重逐渐下降并退出企业,国家审计也将逐渐退出对该类国有企业的审计,转而实行非国有企业的审计监督制度。内部审计机构应隶属于独立的董事会及其审计委员会,以利于对管理层的监督。随着国有股权的逐步退出,内部审计的职能也应从监督逐渐转向咨询,审计内容应从合规审计转向管理审计。

第三节 功能性国有企业审计监督制度

目前,被划为功能性国有企业的企业主要分布在能源、交通、盐业、粮食储备等行业。该类国有企业与《意见》中规定的"商业类国有企业"中的"主业处于关系国家安全、国民经济命脉的重要行业和关键领域,主要承担重大专项任务的商业类国有企业"相对应。

一、功能性国有企业的治理特征

1. 企业的经营目标

《意见》规定,功能性国有企业的经营目标是"保障国家安全和国民经济运行,重点发展前瞻性战略性产业,实现经济效益、社会效益与安全效益的有机统一"。与公益性国有企业和商业性国有企业不同,功能性国有企业的经营目标是双重的。作为企业，功能性国有企业要以营利为目标；但由于承担着政府所赋予的政策性业务，又要实现相应的政策目标。

2. 企业的经营机制

与商业性国有企业相同，《意见》规定，功能性国有企业也应"按照市场化要求实行商业化运作，依法独立自主开展生产经营活动，实现优胜劣汰、有序进退"。"企业作为独立的市场主体，经营机制必须适应市场经济要求；作为社会主义市场经济条件下的国有企业，必须自觉服务国家战略，主动履行社会责任。"虽然功能性国有企业要承担政府所赋予的政策性业务，发挥特定的社会功能，但该类国有企业仍然是实行商业化运作。这就意味着，企业是独立的市场主体，政府不能直接干预企业的经营。对于政府要求企业所承担的政策性业务，应依照市场规则达成规范的协议，并支付相应的对价。

3. 股权结构

与商业性国有企业相同，《意见》规定，功能性国有企业"要按照市场决定资源配置的要求，加大公司制股份制改革力度"，"要保持国有资本控股地位，支持非国有资本参股"。

4. 国有资产监管

与商业性国有企业相同，《意见》规定，对功能性国有企业也应"坚持以管资本为主加强国有资产监管，重点管好国有资本布局、提高国有资本回报、规范国有资本运作、维护国有资本安全"，并"建立健全监督体制机制，依法依规实施信息公开，严格责任追究，在改革发展中防止国有资产流失"。此外，与商业性国有企业不同，对该类国有企业应"重点加强对国有资本布局的监管，引导企业突出主业，更好地服务国家重大战略和宏观调控政策"。

在对企业的考核方面，与商业性国有企业相同，《意见》规定，"要根据企业功能定位、发展目标和责任使命，兼顾行业特点和企业经营性质，明确不同企业的经济效益和社会效益指标要求，制定差异化考核标准，建立年度考核和任期考核相结合、结果考核与过程评价相统一、考核结果与奖惩措施相挂钩的考核制度"。此外，对功能性国有企业，《意见》特别提出，"要合理确定经营业绩和国有资产保值增值指标的考核权重，加强对服务国家战略、保障国家安全和国民经济运行、发展前瞻性战略性产业以及完成特殊任务情况的考核"。从营利性和政策性两个方面对功能性国有企业进行考核，是与其双重经营目标相对应的。

5. 企业内部治理

《意见》并没有对功能性国有企业的内部治理加以规定。对该类国有企业，原则上应设立与商业性国有企业相同的内部治理结构。所不同的是，由于功能性国有企业承担着部分政策性业务，而政策性业务涉及国家战略、国家安全和国民经济运行等社会性目标，所以在公司治理中应加强利益相关者治理的作用。具体而言，在董事会中应设置与政策性业务相关的客户、供应商或社区、社会团体的代表席位。董事会应设置由这些利益相关者单独组成的委员会，专门负责对相关政策性业务的监督。在管理层激励方面，应将管理层的薪酬以及其他收益与政策性考核的结果挂钩。对政策性业务的考核也应有利益相关者参与。

二、功能性国有企业的审计监督

目前在一些地方，功能性国有企业中的国有资本占到全部企业国有资本的20%左右。未来，在特定的政策周期以内，国有资本在该类国有企业中的比重将不会出现大幅的变动，企业的经营目标不会改变。这也就意味着，在中短期内，功能性国有企业的治理结构是稳定的。根据政策性业务在企业整体业务中的比重，可以将该类国有企业分为政策性业务主导的功能性国有企业和非政策性业务主导的功能性国有企业两类。对于前者，利益相关者治理占主导地位，政策性经营目标的考核结果对管理层的薪酬影响较大。对该类功能性国有企业的审计监督仍应以国家审计为主。国家审计的内容应以绩效审计为主，重点审计政策性资金的使用效率。同时，应加强国家审计机关对社会审计的监督和抽查。对于后者，股东治理占主导地位，政策性经营目标的考核结果对管理层的薪酬影响较小。应以社会审计为主，国家审计仅对社会审计进行抽查。内部审计应隶属于独立的董事会及其审计委员会，其审计内容和审计模式由董事会自主决定。从长期来看，大多数功能性国有企业是阶段性的，在实现了政府政策所赋予的特殊功能之后，该类国有企业将转变为商业性国有企业。其审计监督制度也将向商业性国有企业的审计监督制度过渡。

第四节
公益性国有企业审计监督制度

公益性国有企业对应《意见》中的公益类国有企业，主要分布在公交、地铁、自来水、燃气、排水等公共服务行业。

一、公益性国有企业的治理特征

1. 企业的经营目标

根据《意见》的规定，公益性国有企业"以保障民生、服务社会、提供公共产品和服务为主要目标"。与商业性国有企业和功能性国有企业不同，公益性国有企业不以营利为目标。

2. 企业的经营机制

公益性国有企业也是企业，因此《意见》规定，与商业性国有企业和功能性国有企业相同，公益性国有企业也应"作为独立的市场主体，经营机制必须适应市场经济要求；作为社会主义市场经济条件下的国有企业，必须自觉服务国家战略，主动履行社会责任"。此外，由于公益性国有企业所提供的是公共产品或服务，所以其价格可以由政府调控。同时，为了不断提高公共服务效率和能力，还应积极引入市场机制。

3. 股权结构

《意见》规定，公益性国有企业"可以采取国有独资形式，具备条件的也可以推行投资主体多元化，还可以通过购买服务、特许经营、委托代理等方式，鼓励非国有企业参与经营"。

4. 国有资产监管

《意见》规定，对于公益性国有企业，"要把提供公共产品、公共服务的质量和效率作为重要监管内容，加大信息公开力度，接受社会监督"。

从考核方面来看，对公益性国有企业应"重点考核成本控制、产品质量、服务水平、营运效率和保障能力，根据企业不同特点有区别地考核经营业绩和国有资产保值增值情况，考核中要引入社会评价"。

5. 企业内部治理

《意见》并没有对公益性国有企业的内部治理加以规定。原则上，该类国有企业应采用利益相关者治理模式。对公益性国有企业的治理应以外部治理为主，加强政府监管。对管理层的激励应以政策性目标的实现程度为依据。

二、公益性国有企业的审计监督

公益性国有企业在国外比较常见，但是目前在我国省级国有企业分类改革实施中，该类国有企业的数量不多，甚至有一些省份的数量为零。在存在公益类国有企业的省市和自治区，该类企业国有资本的比重也比较低。但在国有企业的发展规划中，该类企业中的国有资本将不断增加，一些省、直辖市和自治区规定公益性企业国有资产将在企业国有资本总量中占到60%以上。未来，公益性国有企业将成为我国国有企业最主要的组成部分。在审计监督方面，对公益性国有企业应以国家审计为主。审计内容应以绩效审计为主。同时应加强对社会审计的监督。国家审计机关和政府监管部门应加强对该类国有企业内部审计工作的领导和监督。

第五节
小结：制度调整的动态性

本章的研究表明，国有企业审计监督制度应该针对不同类型国有企业做出分类安排。① 具体而言，对于商业性国有企业，在短期仍应以国家审

---

① 应该注意，本书中的"国有企业"，无论属于何种类型，均指国有独资或国有控股企业，而国有资本参股的企业不属于国有企业的范畴。

计为主，同时加强国家审计对社会审计和内部审计的监督；在长期，应以社会审计为主，但国家审计机关应保留对企业的审计权并对社会审计进行监督。此外，还应重点加强对混合所有制改革实施过程的审计。对于功能性国有企业，其中以政策性业务为主导的功能性国有企业应以国家审计为主，同时加强国家审计对社会审计和内部审计的监督。以非政策性业务为主导的功能性国有企业应以社会审计为主，国家审计机关保留对企业的审计权。对于公益性国有企业，应以国家审计为主，同时加强国家审计对社会审计和内部审计的监督。考虑到我国国有企业改革的复杂性，所有类型的国有企业的内部审计均为法定审计。对于经营机制和管理层激励机制尚未转变的商业性国有企业以及以政策性业务为主导的功能性国有企业和公益性国有企业，内部审计的监督职能还应在国家审计中予以明确规定（见表6-7）。

表6-7 不同类型国有企业的审计监督制度安排

国有企业分类		审计监督制度安排
商业性国有企业	短期（企业经营机制和经理层激励机制转变之前）	以国家审计为主（审计内容以绩效审计为主）；实行社会审计；内部审计为法定审计，内部审计的监督职能在国家审计中规定；同时加强国家审计机关对社会审计和内部审计的监督；重点加强对混合所有制改革实施过程的审计
	长期（企业经营机制和经理层激励机制转变之后）	以社会审计为主；国家审计机关保留对企业的审计权并可对社会审计进行抽查；内部审计为法定审计；重点加强对混合所有制改革实施过程的审计
功能性国有企业	以政策性业务为主	以国家审计为主（审计内容以绩效审计为主）；实行社会审计；内部审计为法定审计，内部审计的监督职能在国家审计中规定；同时加强国家审计机关对社会审计和内部审计的监督
	以非政策性业务为主	以社会审计为主；国家审计机关保留对企业的审计权并可对社会审计进行抽查；内部审计为法定审计
公益性国有企业		以国家审计为主（审计内容以绩效审计为主）；实行社会审计；内部审计为法定审计，内部审计的监督职能在国家审计中规定；同时加强国家审计机关对社会审计和内部审计的监督

资料来源：笔者整理。

2015年6月5日，第十三次中央全面深化改革领导小组会议专门审议通过了《关于在深化国有企业改革中坚持党的领导加强党的建设的若干意见》（以下简称《若干意见》）。《若干意见》提出，在党管干部方面，应"有序推进董事会选聘经理层成员工作，上级党组织及其组织部门、国有资产监管机构党委应当在董事会选聘经理层成员工作中发挥确定标准、规范程序、参与考察、推荐人选等作用"，同时应"进一步完善坚持党管干部原则与市场化选聘、建立职业经理人制度相结合的有效途径"。[①] 随着党管干部实现形式的变化，国有企业领导人员经济责任审计的地位将逐渐下降，并退出对大多数国有企业的审计。对国有企业中党员领导干部经济责任的考核工作应更多地利用国家审计机关的财务收支审计和绩效审计以及社会审计和企业内部审计的成果来完成。

在我国国有企业分类改革的过程中，不可能将所有的企业一步到位，分为固定的类型。而且，《意见》规定，根据经济社会发展和国家战略需要，结合企业不同发展阶段承担的任务和发挥的作用，在保持相对稳定的基础上，适时对国有企业功能定位和类别进行动态调整。基于此，国有企业的审计监督制度的调整也不可能一步到位。例如，在功能性国有企业不再具有政府政策所赋予的特定功能之后，该类国有企业将转变为商业性国有企业。在这一转变的过程中，国家审计的退出应该是渐进性的。在转变为商业性国有企业之后的一段时期以内，国家审计还应发挥一定的作用。

---

① 任民：《中央组织部负责人就〈关于在深化国有企业改革中坚持党的领导加强党的建设的若干意见〉答记者问》，《先锋队》2015年第10期。

第七章 结 语

本章为本书的最后一章，共分为三节。第一节总体概括了本书的基本研究结论；第二节根据本书的基本研究结论对完善我国国有企业的审计监督制度提出了相应的政策建议；第三节指出了本书的局限性，并对未来的研究进行了展望。

第一节 研究结论

本书对国有企业审计监督制度与公司治理之间的关系进行了研究，并将其应用于中国国有企业分类改革，对不同类型国有企业的审计监督制度进行了设计。此外，本书还对中国国有企业审计监督制度实践中的主要问题进行了研究，以为进一步完善中国国有企业的审计监督制度提出相应的政策建议。

通过对国有企业审计监督制度国际经验的研究，我们发现：①审计监督制度是国有企业重要的监督制度之一。世界主要国家都将审计作为对国有企业实施监督和加强国有企业管理的重要制度安排。②审计监督制度安排的具体模式取决于国家对企业的控制力以及政府管理部门与国有企业之间的管理距离。是否实行国家审计与国家对国有企业的控制力有关，无论社会审计和内部审计是否为法定审计，各国的国有企业①均以国家审计为主。社会审计与内部审计的地位和作用主要与国家和国有企业之间的管理距离有关。多数国家的国有企业属于生产公共产品的公共企业，国家一般都对其经营实行比较严格的管理。对该类国有企业，社会审计和内部审计是国家审计的补充，其目标是协助国家审计完成对国有企业的审计监督。对于商业化经营程度比较高的国有企业，国家不干预企业的经营，社会审计和内部审计独立于国家审计，其具体的制度安排与一般私营企业趋同。③审计主体的独立性是影响国有企业审计监督制度有效性的最重要因素。其中，国家审计机关的独立性更是宪法和法律保护的重点。④为了保障审计的执行效率，制定相关的法律以及设立质量控制和再监督机制尤为重要。

关于中国国有企业审计监督制度实践的研究发现：①中国国有企业审计监督制度的历史是政府主导下的强制性制度变迁，其发展主要取决于政府对国有企业的监管需要。②中国国有企业审计监督制度还存在审计的独立性不高、审计范围较为狭窄、审计内容比较落后、审计制度主体的激励机制不到位以及审计监督的再监督机制不强等主要问题。③影响国有企业审计监督制度绩效的因素主要包括审计机构和国有企业的管理模式以及治理结构两个方面的内容。其中，治理结构是最根本的影响因素。

关于国有企业审计监督制度与公司治理关系的研究发现：①国有企业公司治理是影响国有企业审计监督制度有效性的重要因素。②国有企业公司治理对不同的国有企业审计监督制度的具体影响机制不同。其中，国有企业公司治理对内部审计监督制度的影响机制最为复杂，社会审计监督制度次之，国家审计受国有企业公司治理影响的机制则较为单一。③在所有的国有企业公司治理因素中，对国有企业审计监督制度影响最大的是国有资产管理体制，其次是管理层激励机制。④能够增进国有企业审计监督制

---

① 国有企业指的是国家拥有控制权的企业，一般指国有独资或控股的企业。

度效果的国有企业公司治理因素包括独立于政府和国有企业并受到严格监督的国有资产管理机构，能够加强管理层利益与企业整体利益一致性的激励机制，对大股东的有效制衡与监督机制，独立的董事会和监事会以及良好的信息披露和透明度等。

针对中国国有企业的分类改革，本书对不同类型国有企业审计的监督制度进行了研究：①对于商业性国有企业，在短期仍应以国家审计为主，同时加强国家审计对社会审计和内部审计的监督；在长期，应以社会审计为主，但国家审计机关应保留对企业的审计权并对社会审计进行监管。此外，还应重点加强对混合所有制改革实施过程的审计。②对于功能性国有企业，其中以政策性业务为主导的功能性国有企业应以国家审计为主，同时加强国家审计对社会审计和内部审计的监督。以非政策性业务为主导的功能性国有企业应以社会审计为主，国家审计机关保留对企业的审计权。③对于公益性国有企业，应以国家审计为主，同时加强国家审计对社会审计和内部审计的监督。④考虑到我国国有企业改革的复杂性，所有类型的国有企业的内部审计均为法定审计。对于经营机制和管理层激励机制尚未转变的商业性国有企业以及以政策性业务为主导的功能性国有企业和公益性国有企业，内部审计的监督职能还应在国家审计中予以明确规定。⑤在国有企业分类改革的过程中，国有企业审计监督制度的调整应该是动态的。

第二节
政策建议

根据以上研究，对进一步完善中国国有企业审计监督制度提出以下政策建议：

一、加强国家审计，扩大国家审计的覆盖面

我国商业性国有企业中国有股的退出需要一个较长的过程。与此同时，公益性国有企业需要不断壮大。另外，国有企业向商业化转型的任务还很艰巨。因此，非商业经营体制下的国有独资和国有控股企业仍将是我国国有企业的主体。对于该类企业的审计监督，应以国家审计为主。此外，国有企业改革的深入也需要加强国家审计机关对改革过程的审计。因此，必须大力完善和加强国家审计，扩大国家审计的覆盖面。具体的措施包括：

第一，加强国家审计对国有企业的审计力度，扩大审计的覆盖面。应进一步充实审计机关的力量，增强审计人员的胜任能力，提高审计技术利用水平。建立严格的国家审计人员准入制度，明确审计人员的准入资格、任职条件、权利义务、提拔晋升及生活待遇，逐步实现国家审计人员的职业化。为缓解国家审计力量的不足，可实行外包制，将非重要的、标准化审计工作外包给社会审计机构，同时建立相应的外包审计质量控制制度。对于特别重要的企业和项目，可实行国家审计派驻制。

第二，优化国家审计的审计内容。在审计内容方面，应进一步加强以财务审计为基础的真实性、合法性审计，同时将对公益性国有企业实施国家审计的重点放在以评估国家政策性资金的使用情况为核心的绩效审计上。

第三，加强国家审计的质量控制。建立审计机关审计质量定期检查制度和审计机关财务报告的独立审计制度。制定专门的国家审计质量控制指南。实行审计机关审计业务的同业复核。

第四，完善国家审计的再监督机制。一是应建立专门的国有企业国家审计报告制度，明确规定报告的内容、程序、相关方的具体责任、惩罚措施。建立相应的报告使用效果跟踪、信息反馈和责任机制。建立审计机关向人代会的直接报告机制。二是完善国家审计结果公告制度。设立专门的国有企业国家审计信息披露网站，将审计计划、审计过程、审计结果（包括处理、处罚的建议）、审计报告、具体的审计整改落实情况等公开。建立国家审计结果公告风险控制机制，明确风险控制责任人、责任内容、工

作流程、问责机制。

第五，完善国家审计落实整改制度。应明确相关的落实整改责任人、责任人的具体职权，将落实整改效果纳入责任人的考核体系。明确政府、审计机关及其责任人、被审计企业及其责任人在审计落实整改中的责任，建立严格的、具体的问责机制。明确审计机关对企业落实整改的处罚权，建立落实整改情况公告制度。

二、完善社会审计，加强对社会审计的监督

社会审计是国有企业审计监督制度的基础。在社会审计发展比较成熟的条件下，国家审计和内部审计可以在必要时借助社会审计的力量完成自身的审计监督任务。在完善我国国有企业社会审计监督制度方面，应采取以下措施：

第一，完善社会审计委托制。优化社会审计招标制，降低价格因素在评标指标体系中的比重。对于大型审计项目可采用委托多家会计师事务所实行联合审计的办法，降低单一审计师对企业的依赖性。建立委托人的追责机制。委托人应就选任的审计师的独立性做出公开声明。一旦事后发现审计师的独立性存在瑕疵，则应追究委托人的法律责任。

第二，加强对社会审计的监督。首先，应加强社会审计的行业监管。进一步明确审计机关、财政部门、证监会等政府监管主体的具体监管职责，并将该职责分工纳入统一的法律法规。建立不同政府监管主体之间的沟通和协调机制。建立注册会计师和事务所的社会信用机制，搭建统一的信用监督平台。强化对事务所和从业人员违法、违规行为的惩戒机制。增强注册会计师协会的行业自律职能，优化政府监管人员的专业和知识结构，提高其在监管工作方面的专业技能。其次，应完善审计师的声誉机制。降低中国注册会计师协会评价指标体系中总收入的比重。建立专门的会计师事务所执业质量检查结果公告制度，中国注册会计师协会应及时披露受到处罚和关注、被约谈并令其整改的会计师事务所的详细名单。进一步完善会计师事务所诚信档案的披露制度，及时披露具有不良诚信记录的事务所的名单。优化中国注册会计师协会中国注册会计师行业管理信息系统，增加实质性的内容，及时更新处罚信息。在财政部门的网站上设立专

栏，详细公布受到处罚的事务所和注册会计师的名称和姓名。相关公告的内容和形式应符合公众对监管信息的需求。加强对审计师的行政处罚和法律责任追究。

第三，完善会计师事务所的治理结构。要求事务所制定吸收新合伙人的政策，鼓励吸收新合伙人，降低股权集中度。将合伙人分为执行合伙人和权益合伙人。执行合伙人除按照出资比例分配利润外，还应按照其管理绩效给予报酬激励。优化合伙制事务所员工的薪酬与激励机制，适度提高员工的固定工资水平，降低业务量在员工绩效考核中的比重，增强薪酬与激励机制的透明度。实行扁平化管理，减少管理层级，建立企业内部员工选拔和晋升机制。提高内部员工被吸收为合伙人的比例。增强事务所不同治理机关之间的制衡机制，建立少数派股东、一般员工和其他利益相关者的代表参与治理的机制。建立审计师年度透明度报告和年度财务报表审计报告备案与公众查询制度，在财政部门或中国注册会计师协会设立专门的负责备案和查询的机构，鼓励事务所自行对该类信息公开。

三、完善内部审计，促进内部审计整改落实

从内部审计监督制度方面来看，应采取以下改进措施：

第一，完善审计委员会制度。应提高审计委员会的独立性，明确审计委员会在内部审计机构的人员选任、薪酬与考核等方面的独立责任。明确内部审计机构对董事会（及审计委员会）和管理层的报告责任与报告程序。建立内部审计机构向审计委员会的直接报告机制。建立和加强内部审计机构与审计委员会之间的沟通机制。

第二，优化内部审计的审计内容。为促进国有企业开展管理审计，应建立管理审计规范和评价体系，优化内部审计人员的专业知识结构，提高其胜任能力。增强企业领导人员的观念，强化后续审计，促进审计建议的落实整改。另外，要提高内部审计的信息化水平。

第三，完善内部审计的再监督机制。应建立正式的审计机关和国有资产监督管理部门对国有企业内部审计的检查和评估制度，设立相应的检查和评估规则。

第四，建立国有企业内部审计外包制度。为缓解目前国有企业内部审

计力量不足的问题，应推进开展国有企业内部审计外包。一方面，应根据企业自身的特点、审计项目的特征以及企业自身发展的需要选择适当的外包方式。对于小型国有企业或者企业资源不足以支持自有内部审计的国有企业，可将内部审计全部外包出去。大型国有企业也可以考虑把非关键性领域的内部审计项目外包出去。计算机审计等专业性较强的审计项目，在初期可以考虑聘请外部审计师进行合作审计，并在审计过程中注意学习该专业的公共知识。与公司治理和监督相关的审计事项，可以考虑外包。关乎企业核心竞争力的关键领域，如客户满意度审计、人力资源审计、经济效益审计等应保留在企业内部，涉及企业的商业秘密、核心战略以及国家安全的审计项目不宜外包。另一方面，应加强对内部审计外包的管理。明确外包项目的范围以及外包决策程序，建立对外部中介机构的选聘机制和外包审计质量控制、评价机制。

第五，完善企业集团内部审计管理模式。对于采用集中管理模式的企业，应实行集团公司对内部审计人员的统一管理，切断内部审计人员与派驻企业之间的人事和组织管理关系。将内部审计工作情况纳入派驻企业管理层的考核体系。加强内部审计的咨询功能。在同一企业集团中，可根据集团下属企业的规模及其在集团中的重要性等分别采用不同的内部审计管理模式。具体而言，对于规模较大、属于集团主业、盈利性较强，对企业集团的整体发展重要性较高的企业，在内部审计的管理方面，可采取多管齐下的方式。下属企业设立独立的内部审计机构，对其生产经营进行全面的监督并为改进企业管理绩效提供相应的咨询，同时集团公司对下属企业的内部审计实施较强的领导。例如，由集团公司制定统一的内部审计政策，建立下属企业内部审计向集团公司内部审计部门的报告制度，集团公司监事会和审计委员会对下属企业的内部审计进行指导和监督等。对于特别重要的下属企业，可考虑由集团公司对其派驻内部审计机构和人员。对于规模较小、非主业或即将退出行业的、盈利性较差或已经亏损的企业，则可根据具体的情况选择灵活的内部审计组织形式。可考虑仅设专职内部审计人员，或不设内部审计机构和人员，必要时由集团公司的内部审计部门直接负责对其进行内部审计。

第六，完善内部审计的整改和成果利用机制。应完善后续审计的相关准则，后续审计的目标应是确保相关风险得到有效控制；应明确企业管理层、被审计部门和内部审计部门在审计整改中的责任和风险分担机制；明确被审计部门做出部分或全部整改以及不进行整改的决定时应当遵循的原则；完善整改效果的评价标准，健全问责机制，加强内部审计部门与被审计单位之间的沟通。

四、完善国有资产管理体制，优化国有企业治理结构

国有资产管理体制和国有企业治理结构是制约国有企业审计监督制度发展的重要因素，应在以下方面加以完善：

第一，完善国有资本授权经营体制。通过立法进一步明确国有资产监督管理机构与国家出资企业之间的权利和责任。确立国有企业的独立经营权。加强对国有资产监督管理机构的监督。

第二，加强国有企业董事会建设。对于一般商业性国有企业，由企业自主选聘董事并对董事的资格予以保证，减少政府和国有资产监督管理机构的干预。对于公益性国有企业，国有资产监督管理部门和相关的政府监管部门向其派出一至两名股权代表董事和政府代表董事。董事会中应有中小股东、主要客户、供应商、社区、员工、非政府组织的利益代表。建立董事职业责任保险制度。在董事会会议的表决程序中，要求董事就其表决是否出于自身独立判断、是否已知晓其所应承担的责任和义务做出书面声明。降低集团公司与下属企业董事会人员以及高级管理人员的重合度。

第三，实现国有企业高级管理人员的市场化选聘，建立职业经理人制度。赋予党委对高级管理人员选聘的否决权。建立国有企业管理人员的诚信档案和职业档案，实行备案制和查询制。对不同功能国有企业的高级管理人员的考核应体现差异性。一般商业性国有企业，应建立市场化考核机制。对于公益性国有企业，应以执行政府政策的绩效、政府财政资金的使用效率以及客户、员工、社区居民等利益相关者的满意度为主要的考核标准。对公益性国有企业，可实行国有企业高级管理人员准入制度，并设立严格的准入标准。

第四，完善监事会制度。明确监事会的职权。实行独立监事制度。明确区分政府对企业的监管和监事会的股权监督，对确需政府监管部门与监

事会合作监督的事项，应按照公开、公平、公正的原则制定正规的操作程序，并对协助方的成本进行合理定价和支付。建立问责机制，对出现严重问题的企业，应对外派监事会实行责任追溯，建立监事退出机制。在工作方式上，可实行派驻制和联系人制相结合的办法。建立信息披露制度，加强社会对外派监事会工作的监督。

第五，完善国有资产监督管理部门和国有企业的信息披露制度。制定详细的信息披露规则，明确信息披露的内容、程序、责任人和问责机制。设立统一的信息披露平台和备案查询机构，针对不同性质的企业和不同性质的信息分别采用直接公开制和备案查询制。建立国有资产监督管理部门以及国有企业责任人与信息使用者之间的信息反馈机制。

五、加强法制建设，严格依法审计

完善国有企业审计监督制度必须加强相关的法制建设，具体措施包括：

第一，健全人民代表大会制度，强化人民代表大会在国家审计立法和执法监督方面的职权。建立国家审计法律定期评估机制，及时反映司法和执法中的问题。

第二，完善《审计法》和《审计法实施条例》，将实践中已经较为成熟的规则逐渐纳入法律框架，细化法律条文，逐步形成以法律为主体、以政策法规为补充的法律体系。

第三，建立健全政府信息公开法律体系，将国家审计公告制度纳入法律范围，明确审计公告的具体内容、形式、渠道、程序、责任和罚则。修改国家保密法，制定详细的国有企业相关国家机密的清单，降低不涉及国家安全的国有企业相关事项的密级。

第四，完善会计师事务所的法律责任制度。对特殊的普通合伙制会计师事务所，应进一步细化事务所执业风险基金的管理办法，由符合资格的基金管理人代理执业风险基金管理业务。明确事务所和基金管理人等的责任和罚则。设立与注册会计师职业保险相关的险种，明确保险范围、理赔程序等。禁止事务所在不足以赔偿债权人的损失时继续分配利润。合伙人应对其直接监督和控制的人的行为、对其知道或注意到的其他合伙人的不当行为未采取合理规避措施以及对其直接参与的行为负责。在法律责任的追究方面，引入"刺破有限责任面纱"规则。明确注册会计师的审计法律责任主体地位。对法律利害关系人的确定应考虑利害关系人确实使用了审计报告以及是否出于善意。建立个人财产登记管理制度，合理界定注册会计师合伙人的个人财产。优化诉讼程序，提高司法技术水平。

第三节 研究的局限性与展望

一、研究的局限性

本书还存在以下局限性：第一，在对外国国有企业审计监督制度的研究中，仅对国家层面的国有企业进行了研究，没有对地方国有企业进行研究。对外国国有企业审计监督制度的经验借鉴只是基于具体机制层面，而在外国国有企业审计监督制度整体的制度设计理念和原则方面借鉴还不够充分。第二，本书仅对中国多数地区的，尤其是中央层面的国有企业审计监督制度的实践进行了研究，对中国国有企业审计监督制度的地方实践没有专门研究。第三，本书仅从公司治理的一般机制方面对其与国有企业审计监督制度的关系进行了分析。关于国有企业审计监督制度如何与其他具体的监督制度相协调的问题，本书并未涉及。

二、对未来研究的展望

关于国有企业审计监督制度的研究未来应在以下方面有所拓展：第一，关于国有企业审计监督制度具体的作用机制的研究还需要进一步深化。对国有企业审计监督制度与公司治理关系的研究还需要实证数据的检验。第二，关于国有企业审计监督制度与其他监督制度的关系问题还需要更为系统的研究。我国国有企业监督问题的解决需要建立一个系统、完整、协调的监督制度体系。作为其中的有机组成部分的国有企业审计监督制度，应与其他监督制度形成一种互补、合作的联动机制。另外，如何在整体监督制度的层面进行创新还需要进一步研究。

附　录

附录一　INTOSAI《利马宣言——审计规划指南》"公营企业审计"部分节选①

第七章　最高审计组织的审计职权

第十三节　对有政府投资的工商企业的审计

1. 政府经济活动的扩张经常会导致根据私法建立一些企业。如果政府持有这些企业的很多股份，最高审计组织就要对之进行审计，在政府持有多数股份或具有决定性影响时更应如此。

2. 这项审计宜以事后审计的形式进行，也应考虑经济性、效率和效果。

3. 为保守工商企业的秘密，向议会和公众提交的关于这些企业的报告要受某些限制。

---

① INTOSAI：《利马宣言——审计规划指南》，法律教育网，http://www.chinalawedu.com/news/1200/23155/23156/23167/2006/4/ma78534544291124600230600-0.htm，2015年8月8日。

附录二　INTOSAI《关于绩效审计、公营企业审计和审计质量的总声明》"公营企业审计"部分节选①

一、最高审计机关的作用

30. 由于公营企业在政府活动中的增长，突出了对这些经济实体进行有效审计的重要性。基于各个国家的宪法规定、经济制度和社会情况有所不同，使公营企业的含义、性质与范围，在各个国家之间有很大差别。但每个国家对其公营企业的含义，特别是在公营企业与政府的关系及其对经济责任所应承担的职责方面，应有明确的、一致的解释。希望能把此项含义包含在一定的法规之中。

31. 在公营企业中，拥有大量的国家资金、政府投资和其他资源，需有充分的经济责任，此项责任只有经过最高审计机关的审计才能得到保证。最高审计机关应当确保将其职责范围扩展到对所有公营企业进行审计，它包括由企业创办的附属机构在内。这种机构的结构和地位有改变时，最高审计机关仍然不应减少或是解除对它进行审计的关系。为此，期望把最高审计机关的职责及其履行职责所需的权力，要包括在法规之内。

32. 为了对公营企业实行有效的审计，最高审计机关应当独立于政府，特别是在提供必要的资源方面（包括人员、资金、培训）。同样，最高审计机关应当有畅通的渠道，来获得为达到审计目的所需要的全部资料。

33. 在一些国家中，对公营企业的审计方式，可能包括由最高审计机关直接进行的审计和在其监督下进行的审计，或是采用其他方式进行的审计。不论最高审计机关是否负有对公营企业实施财务审计的责任，它都应该有权进行绩效审计。

34. 最高审计机关在制定有关公营企业的审计工作标准和报告标准方

---

① INTOSAI：《关于绩效审计、公营企业审计和审计质量的总声明》，中国网，http://www.china.com.cn/law/flfg/txt/2006-08/08/content_7056873.htm，2006年8月8日。

面，应当起领导作用，要保证审计工作的进行达到最高的审计专业标准，并且充分重视公众的利益。

35. 按照经济责任的要求，公营企业需要证明对资源的利用充分地重视了经济性、效率性和效果性。其中，包括确定预期目标和绩效目的、评价成果，以及公布有关绩效的信息。最高审计机关应当促进公营企业的管理当局针对它们的绩效目标和目的进行评价。公营企业应向最高审计机关提供资料完整的财务报表和足以表明其绩效成果的补充资料，以保证其履行经济责任。

36. 由最高审计机关作出独立的审计报告，是其提供信息、作出证明和提出建议的一项重要因素。为了满足经济责任的要求，并保证在纠正公营企业控制中的缺陷和改进保证经济效益的制度，以及在独立、公正和及时地报告公营企业的绩效等方面能采取有效的行动，最高审计机关应当有权依据他们对公营企业实施审计的结论和建议，向管理当局、政府特别是向国家的最高政治组织作出报告。

37. 最高审计机关在必要时应采取措施，保守机密。

38. 最高审计机关应对公营企业的管理当局和政府机构在纠正缺陷与改进制度方面采取的行动，进行后续审计，如果没有取得满意的进展，应当再度提出报告。

二、审计方法和技术

39. 最高审计机关应保证在他们对公营企业所有各方面都进行的审计中，编制有效的审计计划，明确预期的审计目标，进行系统的检查，并作出优缺点均不偏废的报告。

40. 公营企业审计的关键方面，包括财务与经济绩效的分析，这些分析要通过对盈利性、生产率和绩效的检查，采取对预算执行结果、发展趋势、企业内部和公私营企业之间各种比率的对比，以及采用成本收益分析进行评价等方法来进行。最高审计机关仍应对某些控制制度需要改进之处，提出建议。最高审计机关应当认识到虽然这些方法和技术在公营企业的绩效评价方面是适合的，但当企业具有社会的和宏观的目标时，进行全面的绩效评价则是困难的。因此，最高审计机关采用的审计技术应当保证它是中肯、有效和有意义的。

41. 最高审计机关应对那些公共企业未经适当的授权就扩大其经营活

动范围的可能性保持警惕。

42. 最高审计机关在审计公营企业的过程中,要保持他们的独立性,还须认识这些经济实体的性质和境况,要承认公营企业需有适当的自主性与灵活性,来履行他们在商业和经营方面的职责并承担经济责任。最高审计机关应该设法发展那些与各种问题和目标有关的审计方法和技术。

43. 在经济适用的情况下,最高审计机关应当谋求电子计算机辅助审计技术的发展和应用,例如,抽样与数据询问,以及进行复杂的成本收益、比率分析和其他各种分析,等等。

44. 对公营企业的绩效审计,与通常进行的一般绩效审计一样,可以使用各种专业人员组成的审计队,并且,在考虑专业技能的发展以及在必要的情况下,使用咨询人员,都与一般绩效审计相同。

45. 最高审计机关应促进审计经验与审计专业知识的发展,采用交换报告和案例研究的资料,以及其他种种方法,例如,在最高审计机关之间进行人才交流。

三、内部控制

46. 最高审计机关国际组织的内部控制标准委员会对于下述内部控制的定义,应当加以考虑:

"完整的财务和其他控制体系,包括组织结构、方法、程序和内部审计,它由管理当局根据总体目标建立,目的在于帮助企业的经营活动的合理化,具有经济性、效率性和效果性;保证管理政策的贯彻;维护资产和资源的安全;保证会计记录的准确和完整;并提供及时、可靠的财务和管理信息"。

47. 许多内部控制的形成对任何组织都可适用,无论它是公营企业、政府机构或是私营公司。而在公营企业中,控制的范围则较广,并应建立严格的、包括内部控制的所有要素在内的标准和程序。内部控制的所有要素都是重要的,而应用这些控制的人员素质,对于一个高效率和良好效果的制度,则是基本的条件。

48. 最高审计机关应了解每个企业经营活动总的控制情况,在适当的和经济的条件下,如果最高审计机关对内部控制的运用进行了评价和测试,就可对内部控制给予特别的信赖。在评价内部控制的质量时,最高审计机关应当着重在评价关键控制点。如果没有内部控制制度或其应用有不正常之处，就需要增加测试工作。尽管承担内部控制的责任是在管理当局，而在必要时，最高审计机关应当认识企业实施控制制度所付出的代价，应同它涉及的风险相适合。

49. 内部审计是内部控制的一个重要方面但又具有区别。公营企业的管理当局应当明确地担负起确立内部审计作用的责任，并且保证内部审计人员具有适当的独立性和权威性，包括向最高级的管理当局报告的权力。

50. 虽然最高审计机关与内部审计在目标上是有差别的，但它们之间应有紧密的工作关系。最高审计机关如果证实了内部审计工作的独立性、工作能力、范围和质量，就能够减少他们的工作量。最高审计机关如要对内部审计给予特殊的信赖，应当像对内部控制的其他要素一样，对内部审计进行评价。

51. 在那些尚未建立内部审计的公营企业中，最高审计机关应当大力促进和支持内部审计的建立和发展，将其作为内部控制的一个重要要素。

52. 在最高审计机关的作用、方法和技术，以及在内部控制的发展中，应当承认和采用最高审计机关国际组织标准委员会在审计、会计和内部控制方面所做的工作，同样，应当注意其他国际组织所作的制定标准的工作；并且注意有关这一方面研究工作取得的成果。

附录三　《OECD 国有企业公司治理指引》"审计"相关内容节选[①]

第二章　国家作为一个所有者行事

国家应该作为一个知情的和积极的所有者行事，并应制定出一项清楚和一致的所有权政策，确保国有企业的治理具有必要的专业化程度和有效性，并以透明和问责方式贯彻实施。

……

四、所有权权利的行使应该在国家行政管理中予以明确界定。这会便于通过建立一个协调主体，或者更适合于通过集中化的所有权职能来

---

① OECD：《OECD 国有企业公司治理指引》，李兆熙译，中国财政经济出版社 2005 年版。

实现。

注释：为了实现对所有权职能的明确定义，它可以被集中于一个单独的实体，而这个单独的实体可以是独立的或者受一个部门的管辖。

......

如果不是集中的所有权职能，至少要在有关参与进来的不同行政部门之间建立起一个强有力的协调主体。

......

五、这个协调主体或所有权实体应该向例如国会这样的代表机构负有说明责任，并且与相关公共部门，包括国家最高审计机构具有明确定义的关系。

注释：需要明确规定协调主体或所有权实体与其他政府机构的关系。许多国家机构、部门或行政单位都对同样的国有企业起着不同的作用。为了增加公众对国家管理国有企业所有权方式的信心，阐明这些不同的作用并且向社会公众做出解释是很重要的。

尤其是，所有权实体应该与负责审计国有企业的国家最高审计机构保持合作和经常性对话。应该支持国家最高审计机构的工作并采取适当的措施对审计结果做出回答，在这方面应遵循《关于审计行为准则指引的利马宣言》（INTOSAI Lima Declaration of Guidelines on Auditing Precepts）。

......

六、国家作为一个积极的所有者应该按照每个公司的法律框架行使其所有者权利。其主要职责包括：

......

（4）在法律制度和国家层所有权机构允许时，与外部审计员和特派国家监察机构保持经常性对话。

......

注释：根据法律规定，协调主体或所有权实体可以被授予对外部审计员的提名权，甚至指定权。对于全资国有企业，协调主体或所有权实体应与外部审计员以及特派国家监察员（如果设置了这个职能的话）保持持续的对话。这种持续的对话可以采取定期交换信息、举行会议以及出现特殊问题时讨论的方式。外部审计员将向协调主体或所有权实体提供关于国有企业绩效和财务状况的外部的、独立的和合格的看法。然而，所有权实体与外部审计员和国家监察员的持续对话不应以损害董事会的职责为代价。

当国有企业上市或部分持股时,协调主体或所有权实体必须尊重占少数股权的股东的权利和公平对待占少数股权的股东。与外部审计员的对话不应给协调主体或所有权实体任何优先的信息,而应遵循对特权的和保密的信息的规定。

......

第五章　透明度和信息披露

按照《经合组织公司治理原则》,国有企业应遵循高标准的透明度。

......

二、国有企业应该制定有效的内部审计程序,并且建立由董事会监督和直接向董事会及其审计委员会或相同公司机构报告的内部审计职能。

注释:如同大型的上市公司一样,大型国有企业适当设置一个内部审计系统是必要的。"内部审计是一个为增加价值和改进组织运营而设计的独立的、客观保证的和咨询的活动。应引入系统的、惩戒的方式评价和改进风险管理的效果、控制和治理过程,来帮助组织实现目标。"从广义上看,内部审计员的重要性在于确保一个有效率的和强健的披露过程和正当的内部控制。他们应该确定收集、编辑和提交充分详细的信息的程序,也应该确保充分执行公司的程序并且能够确保公司信息披露的质量。

为了增加他们的独立性和权威性,在单层委员会制度(one-tier systems)中,内部审计员应该以董事会(the board)及其审计委员会(audit committee)的名义工作并向其直接报告;在双层委员会制度(two-tier systems)中,内部审计员应该以监督委员会(the supervisory board)的名义工作并向其直接报告;或者当存在审计董事会(audit boards)时,内部审计员应该以其名义工作并向其直接报告。内部审计员应能无限制地接触到整个董事会及其审计委员会的主席和成员。对于董事会评价公司的实际经营和业绩的能力来说,他们的报告是很重要的。还应该鼓励外部的和内部的审计员之间的协商。最后再推荐一个良好的做法是,财务报表中应包括一份内部控制报告,以描述内部控制的结构和财务报告的程序。

三、国有企业,尤其是大型国有企业应该经过基于国际标准的年度外部独立审计。现存特殊的国家监控程序不能代替独立的外部审计。

注释：国有企业不一定要求被外部的独立审计员审计。这常常归咎于有特殊的国家审计和控制系统，它们有时会考虑到充分保证会计信息的质量和综合性。这些财务控制典型地由专门的国家或"最高"审计部门执行，它们可以对国有企业和协调主体或所有权实体都检查。在许多场合它们也参加董事会会议，经常将国有企业的业绩直接向国会报告。然而，这些特殊控制的设计是用于监控使用公用基金专款和预算资源的国有企业的经营，而不是针对所有的国有企业。

为了增加对所提供信息的信任，除专门的国家审计外，国家应该要求至少所有的大型国有企业都要受到按照国际标准执行的外部审计。应该制定适当的程序选聘外部审计员。至关重要的是，他们对于管理层以及大股东（例如，政府是国有企业股东的情况）都是独立的。而且，外部审计员应当符合像对私营部门公司一样的独立性标准。这一般包括限制对被审计的国有企业提供咨询或其他非审计服务，以及对审计合伙人或审计公司的定期轮换。

四、国有企业应该像上市公司一样依照高质量的会计和审计标准。大型国有企业或上市的国有企业应按照国际上认可的高质量标准披露财务和非财务方面的信息。

注释：为维护普通民众的利益，国有企业应该像上市公司一样透明。无论它们的法律地位如何，即使它们不是上市公司，所有的国有企业都应该按照最佳实践的会计和审计标准进行报告。

所有国有企业应该披露财务的和非财务的信息，大型的和上市的国有企业应该按照国际认可的高质量标准这么做。这意味着国有企业董事会成员要在财务报告上签字，而且首席执行官（CEO）和首席财务官（CFO）要证明这些报告在所有资料方面是恰当地和公正地提交了国有企业的经营和财务状况。

在可能的情况下，应该进行成本—收益分析以确定哪个国有企业符合国际认可的高质量标准。进行这种分析，还考虑到按照要求做出需要的披露，对于董事会和管理层专业化地履行他们的职责，既是一种激励又是一种手段。如果他们不是以重要的公共政策为目标，在一定规模以下的国有企业可以不在此列。这样例外情况只能取决于实际的基础并且随着国家、行业部门和国有部门的规模不同而变化。

高水平的披露对于执行公共政策目标的国有企业也是有价值的。当它们对国家预算有显著影响时，当国家对其承担着风险时，或者当它们有更多全球社会影响时就显得特别重要。例如，在欧盟，那些受到国家补贴而为公共利益服务的公司被要求对这些活动保持会计单独立账。

……

第六章 国有企业董事会的责任

国有企业董事会应该具有必要的权威、能力和客观性，以履行他们在战略指导和监督管理上的职能。他们应该诚实行事，并且对他们的行为承担受托责任。

……

五、如有需要，国有企业董事会应该成立专业化的委员会来支持整个董事会履行其职能，尤其是在审计、风险管理和报酬方面。

注释：与私营部门的实际情况一致，国有企业设置专业化的董事会委员会的情况也日渐增多。董事会使用的专门委员会的类型可以因公司和行业而变化，它们包括：审计委员会、报酬委员会、战略委员会、伦理委员会，以及在一些情况下的风险和采购委员会。在一些国家，有一个与审计委员会相同的机构来执行相似的功能。

设立专业化的董事会委员会能在强化国有企业董事会的能力上发挥作用，并且支撑它们比如在风险管理和审计等事务中关键性的责任。在那些如关于采购、关联交易和报酬问题等存在潜在的利益冲突的地方，它们也可能在转变董事会文化并且增强其独立性和合法性方面很有效果。

当董事会的委员会尚未被法律授权时，协调主体或所有权实体应该制定一项政策来定义在什么样的情况下应该考虑设立专业化的董事会委员会。这项政策应该基于标准的组合，包括国有企业的规模和面对的特殊风险，或者国有企业董事会内部需要加强的能力。大型国有企业应该至少有一个审计委员会或者与其相当的机构，使之有权会见公司的任何官员。

专业化的董事会委员会由一位非执行董事来主持，还包括足够数量的独立董事。独立董事的比例以及所要求的独立性的类型（例如，独立于管理人员或者独立于主要的所有者）将取决于委员会的类型、利益冲突问题的敏感性的类型和国有企业部门的类型。例如，审计委员会，应该只由独立的和具有财务素质的董事会成员组成。

专业化的董事会委员会的存在并不能免除董事会对所有事务的集体责任。专业化的董事会委员会应该有书面的职责范围来定义它们的责任、权力和组成。专业化的董事会委员会应该向董事会全体报告,而且其会议记录应该转发至所有的董事会成员。

……

参考文献

中文著作

[1] 陈汉文:《实证审计理论》,中国人民大学出版社2012年版。

[2] 陈小洪:《企业改革和发展研究》,中国财政经济出版社2007年版。

[3] 李金华:《中国审计史》(第三卷上),中国时代经济出版社2005年版。

[4] 李金华:《审计理论研究》,中国审计出版社2001年版。

[5] 李俊江、史本叶、侯蕾:《外国国有企业改革研究》,经济科学出版社2010年版。

[6] 刘军:《加拿大》,社会科学文献出版社2010年版。

[7] 孙树义:《国有企业监事会制度》,经济日报出版社2001年版。

[8] 王开国:《国有资产管理实务全书》,宇航出版社1995年版。

[9] 文硕:《世界审计史》,企业管理出版社1996年版。

[10] 萧英达、张继勋、刘志远:《国际比较审计》,立信出版社2000年版。

[11] 张维迎:《企业理论与中国企业改革》,北京大学出版社1999年版。

[12] 中国国有资产监督管理年鉴编委会:《2010中国国有资产监督管理年鉴》,中国经济出版社2010年版。

[13] 中国内部审计协会内部审计发展研究中心、南京审计学院国际审计学院:《08'中国国有企业内部审计发展研究报告》,中国时代经济

出版社 2008 年版。

译著

[1] OECD：《OECD 公司治理原则》，张政军译，中国财政经济出版社 2005 年版。

[2] OECD：《OECD 国有企业公司治理指引》，李兆熙译，中国财政经济出版社 2005 年版。

[3] OECD：《国有企业公司治理：对 OECD 成员国的调查》，李兆熙、谢晖译，中国财政经济出版社 2005 年版。

[4] [德] 柯武刚、史漫飞：《制度经济学：社会秩序与公共政策》，韩朝华译，商务印书馆 2008 年版。

[5] [美] 道格拉斯·C. 诺思：《制度、制度变迁与经济绩效》，杭行译，上海格致出版社、上海三联书店、上海人民出版社 2008 年版。

[6] [美] 玛格丽特·M. 布莱尔等：《所有权与控制：面向 21 世纪的公司治理探索》，张荣刚译，中国社会科学出版社 1999 年版。

[7] [日] 青木昌彦、钱颖一：《转轨经济中的公司治理结构》，中国经济出版社 1995 年版。

[8] [美] R. 科斯、A. 阿尔钦、D. 诺斯等：《财产权利与制度变迁》，上海三联书店、上海人民出版社 1996 年版。

中文期刊

[1] 崔振龙：《政府审计职责及其发展展望》，《审计研究》2004 年第 1 期。

[2] 黄群慧、余菁：《新时期的新思路：国有企业分类改革与治理》，《中国工业经济》2013 年第 11 期。

[3] 高明华：《论国有企业分类改革和分类治理》，《行政管理改革》2013 年第 12 期。

[4] 李江涛、苗连琦、梁耀辉：《经济责任审计运行效果实证研究》，《审计研究》2011 年第 3 期。

[5] 李日昱、崔刚：《对国有企业内部审计发展定位的思考》，《东北财经大学学报》2007 年第 7 期。

[6] 李小波：《英国国有企业绩效审计的借鉴》，《东岳论丛》2013 年第 4 期。

[7] 刘力云：《论强化审计机关的国有企业审计职责》，《审计研究》2005年第4期。

[8] 陆正飞、王春飞：《集团统一审计：现状、意义及潜在影响》，《财会通讯》2011年第6期。

[9] 罗进新、倪鹏翔：《浅谈国有企业年度会计报表注册会计师审计工作》，《注册会计师通讯》1998年第3期。

[10] 聂曼曼、肖浩、吴冕：《会计师事务所转制对审计质量的影响研究——来自上市公司的经验证据》，《南京审计学院学报》2014年第5期。

[11] 戚振东、尹平：《经济责任审计产生的动因和权力监督特征研究》，《审计研究》2013年第1期。

[12] 任民：《中央组织部负责人就〈关于在深化国有企业改革中坚持党的领导加强党的建设的若干意见〉答记者问》，《先锋队》2015年第10期。

[13] 时现、陈骏、王睿：《公司治理模式、治理水平与内部审计》，《会计研究》2011年第11期。

[14] 时现、毛勇、易仁萍：《国内外企业内部审计发展状况之比较》，《审计研究》2008年第6期。

[15] 秦荣生：《公共受托经济责任理论与我国政府审计改革》，《审计研究》2004年第6期。

[16] 汤谷良、刘晓嬺、梁凯：《集团内部审计组织的构建与功能协调》，《北京工商大学学报》（哲学社会科学版）2005年第9期。

[17] 王宝庆、张爱兰、王萍、何志方、周仲利：《国有资产管理体制改革对国家审计的影响及其对策》，《审计研究》2006年第4期。

[18] 王兵、鲍国明：《国有企业内部审计实践与发展经验》，《审计研究》2013年第2期。

[19] 王兵、魏静宜、苏文兵：《强制审计师任命与审计质量关系：基于国资委统一选聘的证据》，《经济管理》2010年第12期。

[20] 王春飞、武莉娜、陆正飞：《企业集团统一审计与审计质量》，《会计研究》2010年第11期。

[21] 王东光：《德国联邦公共企业的监管制度》，《法学》2014年第

6期。

[22] 王军法、关旭、贾云洁:《我国国家审计体制改革研究述评》,《南京审计学院学报》2014年第4期。

[23] 汪月祥、孙娜:《中央企业审计招标和审计师轮换研究》,《审计研究》2009年第1期。

[24] 魏昌东:《中国国家审计权属性与重构》,《审计与经济研究》2010年第2期。

[25] 吴联生:《政府审计机构隶属关系评价模型》,《审计研究》2002年第5期。

[26] 肖泽忠、杨肃昌、高培勇:《中国审计体制改革观点的比较与选择》,《经济理论与经济管理》2009年第10期。

[27] 杨肃昌、肖泽忠:《试论中国国家审计"双轨制"体制改革》,《审计与经济研究》2004年第1期。

[28] 叶祥松:《新加坡国有企业管理体制及其启示》,《学术界》1996年第2期。

[29] 尹平:《现行国家审计体制的利弊权衡与改革抉择》,《审计研究》2001年第4期。

[30] 张薇:《我国中央企业审计委托模式变革的理论分析与实证检验》,《系统工程》2012年第11期。

[31] 张维迎:《所有制、治理结构及委托—代理关系》,《经济研究》1996年第9期。

[32] 张雪华、陈小林:《特殊普通合伙制、客户潜在诉讼风险与盈余管理》,《当代财经》2015年第7期。

中文毕业论文

[1] 代勇:《国家审计质量研究》,四川大学,硕士学位论文,2007年。

[2] 刘美玉:《企业利益相关者共同治理与相互制衡研究》,东北财经大学,博士学位论文,2007年。

[3] 缪青:《内审与国有企业的文化冲突》,上海交通大学,硕士学位论文,2010年。

[4] 孙丹:《我国特殊普通合伙制会计师事务所内部治理问题探讨》,硕士毕业论文,江西财经大学,2014年。

中文报纸

［1］高明华等：《国企分类改革新思路》，企业观察网，http：//www.cneo.com.cn/info/2013-10-23/news_4002.html，2013 年 10 月 23 日。

［2］金辉、高明华：《国有企业分类改革和治理是必然趋势》，《经济参考报》2013 年 10 月 18 日第 8 版。

［3］李爱明：《法定机构：企业化的政府》，《华夏时报》2011 年 8 月 22 日第 A31 版。

［4］罗文姬、张志斌：《重审计更重整改——甘肃公司加强审计工作助推企业发展纪实》，《国家电网报》2011 年 5 月 24 日第 1 版。

［5］上海国有资本运营研究院《国有企业分类监管研究》课题组：《国有企业分类监管政策建议》，《东方早报》2013 年 3 月 12 日第 C04 版。

中文网站

［1］INTOSAI：《利马宣言——审计规划指南》，法律教育网，http：//www.chinalawedu.com/news/1200/23155/23156/23167/2006/4/ma78534544429112460023060-0.htm，2015 年 8 月 8 日。

［2］INTOSAI：《关于绩效审计、公营企业审计和审计质量的总声明》，中国网，http：//www.china.com.cn/law/flfg/txt/2006-08/08/content_7056873.htm，2006 年 8 月 8 日。

［3］《关于国有企业功能界定与分类的指导意见》有关问题答记者问，国资委网站，http：//www.sasac.gov.cn/n85881/n85901/c2169614/content.html，2015 年 12 月 29 日。

［4］郭晋晖：《国企境外机构难审计 审计署高官建议国企审计全覆盖》，一财网，http：//www.yicai.com/news/2015/03/4583409.html，2015 年 3 月 9 日。

［5］国资委、财政部、发改委：《关于国有企业功能界定与分类的指导意见》，中国政府网，http：//www.gov.cn/xinwen/2015-12/29/content_5029253.htm，2015 年 12 月 29 日。

［6］中国石油天然气股份有限公司网站，http：//www.petrochina.com.cn/，2015 年 8 月 19 日。

外文著作

[1] Barnett W. ed., *Political Economy, Competition and Representation*, Cambridge: Cambridge University Press, 1993.

外文期刊

[1] Adjaoud F., Mamoghli C. and Siala F., "Auditor Reputation and Internal Corporate Governance Mechanisms: Complementary or Substitutable?" *Review of Business Research*, Vol. 8, No. 1, 2008.

[2] Baker C. R., "From Member of the Company to Registered Auditor: The Role of the External Auditor in Corporate Governance", *Australian Accounting Review*, Vol. 19, 2009.

[3] Carcello J. and Neal T., "Audit Committee Composition and Auditor Reporting", *Accounting Review*, Vol. 75, 2000.

[4] Cho C. C. and Wu H. H., "Role of Auditor in Agency Conflict and Corporate Governance", *Chinese Management Studies*, Vol. 8, 2014.

[5] DeFond Mark L., T. J. Wong and Shuhua Li., "The Impact of Improved Auditor Independence on Audit Market Concentration in China", *Journal of Accounting and Economics*, Vol. 28, 1999.

[6] Elliott R., "Confronting the Future: Choices for the Attest Function", *Accounting Horizons*, Vol. 8, 1994.

[7] Gordon L. A. and K. J. Smith., "Post Auditing Capital Expenditures and firm Performance: The Role of Asymmetric Information", *Accounting, Organizations and Society*, Vol. 17, 1992.

[8] Hay D., Knechel W. R. and Ling H., "Evidence on the Impact of Internal Control and Corporate Governance on Audit Fees", *International Journal of Accounting*, Vol. 12, No. 1, 2008.

[9] Jensen Michael and William Meckling, "Theory of the Firm: Managerial Behavior, Agency Costs, and Ownership Structure", *Journal of Financial Economics*, Vol. 11, 1976.

[10] Lesage C. and Wechtler H., "An Inductive Typology of Auditing Research", *Contemporary Accounting Research*, Vol. 29, 2012.

[11] Lin Z. J. and Liu M., "The Impact of Corporate Governance on Auditor

Choice: Evidence from China", *Journal of International Accounting, Auditing and Taxation*, Vol. 18, No. 1, 2009.

[12] Marks R. B. and Raman K. K., "Some Additional Evidence on the Determinants of State Audit Budgets", *Auditing: A Journal of Practice and Theory*, Vol. 7, 1987.

[13] Simunic D. A., "The Pricing of Audit Services: Theory and Evidence", *Journal of Accounting Research*, Vol. 18, No. 1, 1980.

[14] Simunic D. A., "Auditing, Consulting, and Auditor Independence", *Journal of Accounting Research*, Vol. 22, No. 2, 1984.

[15] Sutton S. G. and V. Arnold, "Towards a Framework for a Corporate Single Audit: Meeting Financial Statement Users' Needs", *Critical Perspectives on Accounting*, Vol. 9, 1998.

[16] Tang Q., Chow C. W. and Lau A., "Auditing of State-owned Enterprises in China: Historic Development, Current Practice and Emerging Issues", *The International Journal of Accounting*, Vol. 34, 1999.

[17] Wallace W. A., "Internal Auditors Can Cut Outside CPA Costs", *Harvard Business Review*, Vol. 62, No. 2, 1984.

[18] Wallace W. and Kreutzfeldt R., "Distinctive Characteristics of Entities with an Internal Audit Department and the Association of the Quality of Such Departments with Errors", *Contemporary Accounting Research*, Vol. 7, 1991.

[19] Watts R. L. and Zimmerman J. L., "Agency Probems, Auditing, and the Theory of the Firm: Some Evidence", *The Journal of Law & Economics*, Vol. 26, No. 3, 1983.

[20] Yair Aharoni, "Comprehensive Audit of Management Performance in U. S. State Owned Enterprises", *Annals of Public and Cooperative Economics*, Vol. 54, 1983.

外文网站

[1] "Crown Corporations and Other Corporate Interests of Canada 2010", 加拿大国库部网站, https://www.tbs-sct.gc.ca/reports-rapports/cc-se/2010/cc-se09-eng.asp, 2015-07-13.

[2] "Heads of Crown Corporations",加拿大议会网站,http://www.parl.gc.ca/parlinfo/compilations/federalgovernment/crowncorporation.aspx,2015-07-13.

[3] The Swedish Corporate Governance Board,"The Swedish Corporate Governance Code",http://www.corporategovernanceboard.se/media/69763/svenskkod-bolagsstyrn_eng_2015_151124.pdf,2015-11-01.

后 记

本书是在我的博士后出站报告的基础上修改完成的。国有企业监督是制约我国国资国企改革的关键问题。由于历史和现实的原因，国内外这方面的研究比较薄弱，与实践需要之间存在很大的差距。在研究的过程中，常常感到需要研究的问题很多，需要挖掘的资料也很多。即便如此，当本书数易其稿最终完成时，我仍欣慰地发现，其研究内容已经基本完成了研究的初衷，即在系统研究的基础上，在文献研究，制度研究，国际经验研究，国有企业审计监督制度与公司治理的关系研究，中国国有企业审计监督制度的历史、现状和问题研究以及完善中国国有企业审计监督制度的对策研究等方面将国有企业审计监督问题的研究向前推进了一步。这无疑是一件有意义的事，希望本书的出版能够对未来的研究起到抛砖引玉的作用。

本书能够最终顺利完成，离不开各位老师和亲友的帮助。首先，感谢中国社会科学院工业经济研究所给我提供了这个博士后工作机会。在站期间，我参与了所里的研究课题和研究项目，参与了企业制度研究室的具体工作，有了很大收获。感谢我的合作导师余菁研究员对我工作上的指导和生活上的关心。感谢企业制度研究室的王欣副研究员在工作中对我的大力帮助。感谢工经所的博士后同仁张航燕博士、邵婧婷博士、王秀丽博士、白景坤博士、霍景东博士、陈凤仙博士等对我的爱护。感谢工经所原所长吕政研究员以及黄群慧研究员让我参与他们所主持的研究项目。感谢课题

后 记

组的老师们,包括但不限于王钦研究员、刘戒骄研究员、李刚研究员、刘湘丽研究员、李晓华研究员、郭朝先研究员、原磊研究员、贺俊研究员等。感谢负责博士后管理工作的樊建勋主任、黄世荣主任和杨宏静老师的辛苦工作。特别感谢黄速建老师对我的引荐,否则我可能就与这次博士后工作经历失之交臂了。感谢中国社会科学院研究生院的同学和师长在过去几年中对我的照顾。最后,感谢家人一直以来对我的理解与支持。

衷心地感谢出站报告评审专家组成员高闯教授、黄速建研究员、黄群慧研究员、沈志渔研究员、杜莹芬研究员等对本书提出的建设性意见。这些宝贵的修改意见是本研究得以成书的基础。

由于成书仓促,书中难免存在错漏之处,恳请读者批评指正。

常 蕊

2019 年 6 月